# WORKBOOK
## WRITING AND READING ACTIVITIES

# ¡BRAVO!
### 1B

# WORKBOOK
## WRITING AND READING ACTIVITIES

# ¡BRAVO! 1B

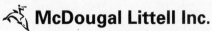
**McDougal Littell Inc.**
A Houghton Mifflin Company
*Evanston, Illinois    Boston  Dallas  Phoenix*

Workbook to accompany

¡Bravo! 1B

01 02 03 04 05 –PBO– 11 10 9 8 7 6

ISBN 0-8123-9000-8

Illustrations were by Wayne Clark, Rick Hackney, Lori Heckelman, Anne Eldredge, and Eldon Doty.

Grateful acknowledgment is made for use of the following material:

**Photographs**
*164* © Stuart Cohen; *188* © Stuart Cohen; *218* © Reuters/Bettman Newsphoto; *248* © Beryl Goldberg; *263* © D. Donne Bryant/DDB Stock Photo; *271* © Beryl Goldberg

**Realia** '
*R1* ABECELANDIA, no. 199, Blanco y negro, Semanario de ABC, 102:3879, 31 Oct. 1993, p. 122; *R3*, © Scott Schulman/Shooting Star; *R4 (Estefan)* © Steve Allen/Gamma Liason, *(Estevez)* © Lennon/Shooting Star, *(Garcia)* Tú, Editorial America, Año 14, no. 5 © 1993, *(Julia)* © Timothy Greenfield-Sanders/Onyx; *R5* © Alan Levenson/Onyx; *R6* ABECELANDIA, no. 197; Blanco y negro, Semanario de ABC, 102:3877, 17 Oct. 1993, p. 129; *R11* ABECELANDIA, no. 202, Blanco y negro, Semanario de ABC, 102:3882, 21 Nov. 1993, p. 130; *R15* Títeres y algo mas, Nuestra gente, 2:1, March–April, 1994, p. 32; *178* Garfield © 1978 United Features Syndicate, Inc. Reprinted by permission.; *201* Publix Super Markets, Inc., photo by Roberto Santos; *242 Calvin and Hobbes* © 1993 Watterson. Reprinted with permission of Universal Press Syndicate. All rights reserved.; *251* Ediciones Larousse, Barcelona, México, Paris, Buenos Aires; *258* Reprinted with permission of *El Hispano News*, Albuquerque, NM, and Orlando P. López; *267 Hispanic*; *269* © Quino/Quipos

# ¡BRAVO!
# 1B
# WORKBOOK

## CONTENTS

**Nombre** _____  **Fecha** _____

# UNIDAD DE REPASO

| ACTIVIDAD 1 | «ABECELANDIA»: ABECEDARIO |
| --- | --- |

*Fill in the missing letters.*

▶ «ABECELANDIA» es una sección de la revista española *Blanco y negro* que presenta actividades para muchachos. Sin duda, tú puedes hacer esta actividad para niños que aprenden el abecedario.

Las letras que faltan son _____, _____,

_____, _____, _____, _____, _____,

y _____.

**ABECEDARIO**

Este abecedario está incompleto. Le faltan ocho letras, ¿cuáles son?

¿Sabías tú que la Asociación de Academias de la Lengua Española, que incluye a todos los países hispanos, va a eliminar del diccionario las secciones de las letras *ch* y *ll* del abecedario español? En vez de tener su propia sección en el diccionario, las palabras que empiezan con *ch* o con *ll* van a estar debajo las letras *c* y *l*, respectivamente. Esto va a hacer los programas de computadora en español más compatibles con los programas en inglés. ¡Las pobres computadoras no saben leer *ch* y *ll* como una sola letra!

**VOCABULARIO ÚTIL**
| | |
|---|---|
| el delantal | *apron* |
| el pañuelo | *bandana* |
| la huérfana | *orphan* |

*Answer the following questions for each drawing.*

▶ Para cada dibujo contesta las siguientes preguntas:

¿Cómo se llama(n)?                    ¿Qué ropa lleva(n)?
¿Cómo es/son?

También inventa colores para la ropa.

MODELO:    Nancy y Sluggo →
            *Se llaman* Nancy y Sluggo.
            Ella *es baja y gordita y tiene pelo negro y ojos negros.*
            Él *es bajo, gordito y calvo.*
            Nancy *lleva una falda rosada, una blusa azul y zapatos negros.*
            Sluggo *lleva pantalones verdes, una camiseta roja y zapatos grises.*

Características físicas: Es... alto/bajo, bonito/guapo/feo, calvo/pelirrojo, delgado/gordo, fuerte, grande/pequeño, joven/viejo, verde

Tiene... barba/bigote, la nariz corta/grande/larga, ojos azules/blancos/morenos/negros, pelo corto/largo/liso/rizado/color café/negro/rubio

Ropa: botas, calcetines, una camisa, una camiseta, un cinturón, una corbata, un delantal, una gorra, pantalones (cortos), un pañuelo, un sombrero, uniforme, un vestido


Anita, la huérfana

1. _____

   _____

   _____

etle Bailey y el Sargento

   _____

   _____

R1

Workbook

**Nombre** _____    _____ **Fecha**

_____

_____

Mutt y Jeff

3. _____

_____

_____

Broomhilda

4. _____

_____

_____

Snuffy Smith y la Srta. Daisy

5. _____

_____

_____

_____

Kermit la rana

6. _____

_____

_____

Indicate where each performer is from and how old he or she will be on his or her next birthday.

▶ Aquí están las fotos de algunas artistas hispanos con el lugar y la fecha de su nacimiento. Di de dónde es cada artista, y cuántos años va a tener en la próxima fecha de su cumpleaños. ¡OJO! Las fechas en español son día/mes/año.

MODELO: Rubén Blades (Panamá) 16/VII/48

Rubén Blades *es de Panamá*. El próximo *dieciséis de julio va a tener cuarenta y...* *años*.

Gloria Estefan (Cuba) 1/IX/58

1. _____

_____

Emilio Estévez (Nueva York) 12/V/62

2. _____

_____

**Nombre** _____    **Fecha** _____

Andy García (Cuba) 12/IV/56

3. _____

_____

Raúl Juliá (Puerto Rico) 9/III/40

4. _____

_____

Edward James Olmos (California) 24/II/47

5. _____

_____

_____

*Complete the sentence with a spelled-out number.*

Aquí está otra actividad de «ABECELANDIA». Sigue las instrucciones y luego escribe el número, en palabras, para completar la oración que aparece a continuación.

## Une los puntos para saber la edad del jardinero.

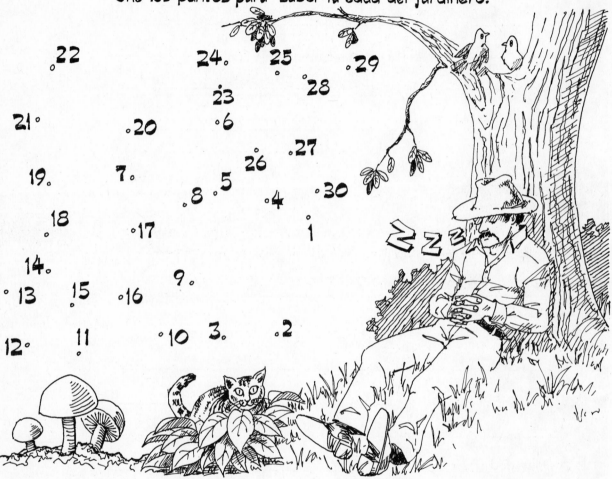

El jardinero tiene _____ años.

## ACTIVIDAD 5 — La semana ideal

*Tell what you like to do each day of the week, and when you do each activity.*

Escribe algo que te gusta hacer cada uno de los días de la semana y di a qué hora lo haces. Empieza con el lunes.

MODELO: *El lunes* me gusta ver «Cops» *a las siete y media* de la noche.
(*El lunes* me gusta jugar al fútbol *a las cuatro* de la tarde.)

**Nombre** _____   **Fecha**

1. El lunes _____.

2. _____.

3. _____.

4. _____.

5. _____.

6. _____.

7. _____.

**ACTIVIDAD 6**          ¿Qué les gusta comer?

▶ Completa las siguientes oraciones, según el modelo. Usa la forma correcta de **gustar** y nombres de comidas diferentes para cada sujeto.

MODELO:   A mí → A mí *me gusta* comer un sandwich de mantequilla de cacahuete con mermelada y un vaso de leche.

1. A mí _____

_____

2. A los Toros de Chicago _____

_____

3. A Dagwood _____

_____

4. A las modelos de una revista de modas _____

_____

5. Cuando mis amigos y yo salimos, a nosotros _____

_____

6. A un perro grande _____

_____

*Complete these descriptions of certain relatives.*

▶ Describe a tus parientes. Primero, completa las oraciones para identificar a los parientes. Luego, contesta las preguntas.

¿Cómo se llama(n)?                    Si no tienes ningún pariente,
¿Cómo es/son?                             ¡inventa uno(s)!
¿Dónde vive(n)?

MODELO:   El hijo de mis tíos es mi *primo.*
                 *Se llama* Alex.
                 *Es delgadísimo, muy estudioso y aburrido.*
                 *Vive en* Kalamazoo, Michigan.

1. El hijo de mis tíos es mi _____.

   _____

   _____

   _____

2. Los padres de mi mamá/papá son mis _____.

   _____

   _____

   _____

3. El hijo/La hija de mi padrastro/madrastra es mi _____.

   _____

   _____

   _____

4. La hermana de mi papá/mamá y su esposo son mis _____.

   _____

   _____

   _____

**Nombre** _____  _____ **Fecha**

5. El hijo / La hija de mis padres es mi _____.

_____

_____

_____

---

**ACTIVIDAD 8**          **Las vacaciones**

Complete the conversation.

► La Srta. García habla con sus estudiantes de las actividades que practican durante las vacaciones. Completa la conversación con la forma correcta del verbo apropiado.

| | |
|---|---|
| ayudar | jugar |
| conversar | levantar |
| cuidar | mirar |
| escuchar | practicar |
| hablar | trabajar |

SRTA. GARCÍA: Ahora, vamos a _____¹ de lo que hacemos

durante las vacaciones. ¿_____² tú en una tienda

o en una oficina durante las vacaciones, Patricia?

PATRICIA: No, señorita. Ana Alicia y yo _____³ al tenis todas las mañanas a las ocho. Luego, por la tarde, yo

_____⁴ los dos hijos de mis vecinos.

SRTA. GARCÍA: Ah, muy bien. Y, ¿hay otros aquí que _____⁵ niños durante las vacaciones? ¿o que tienen otros trabajos?

CHELA: Sí, señorita. Yo _____⁶ a las enfermeras en el

hospital. Me gusta _____⁷ con los pacientes.

SRTA. GARCÍA: Excelente, Chela. Ahora, dime qué deportes

_____⁸ ustedes en el verano.

ERNESTO: Señorita, ¿sabe usted que Paco y Roberto

_____⁹ la televisión hasta las dos de la mañana?

ROBERTO: ¡Qué barbaridad! Paco _____¹⁰ la tele hasta las dos de la mañana, pero yo no.

Copyright © McDougal, Littell & Company

PACO: No, Roberto, pero tú _____ [11] música rock hasta las dos.

ROBERTO: Es cierto, pero a mí me gusta _____ [12] música para dormir.

SRTA. GARCÍA: Bueno, bueno, Roberto y Paco. Ernesto, dime, ¿hasta qué hora _____ [13] tú la televisión durante las vacaciones?

ERNESTO: Er... , este... , pues...

## ACTIVIDAD 9     ¿Es cierto o no?

Complete the sentences.

▶ Completa estas oraciones con la forma correcta de un verbo apropiado. Luego, di si cada oración es cierta o no.

MODELO: ¿Es cierto que tú *corres* dos millas todas las mañanas?
Sí, yo *corro* dos millas todas las mañanas.
(No, pero *corro* dos millas tres días a la semana.)
(No, yo *no corro* nunca.)

| | |
|---|---|
| aprender | leer |
| asistir | recibir |
| comer | salir |
| comprender | ver |
| correr | vivir |

¿Es cierto que...

1. tu papá/mamá _____ un libro cada semana?

   _____.

2. tú y tu familia _____ espaguetis tres veces a la semana?

   _____.

3. tú _____ en un apartamento muy pequeño?

   _____.

4. tus padres nunca _____ dos veces la misma película?

   _____.

**Nombre** _____   _____

5. tu amigo, _____, no _____ nada de
   matemáticas?  (nombre)

   _____.

6. todos tus amigos _____ las fechas para la clase de
   historia en sólo quince minutos?

   _____.

7. tú _____ para la escuela a las 7:00 de la mañana?

   _____.

8. tú siempre _____ una «F» en la clase de inglés?

   _____.

9. tú y tus amigos _____ a todas las reuniones en el
   auditorio?

   _____.

---

**ACTIVIDAD 10**          «ABECELANDIA»: Frases ocultas

▶ Forma oraciones con un dibujo de la columna izquierda, un verbo y otro
   dibujo de la columna derecha.

Form sentences using a verb and two drawings.

**VOCABULARIO ÚTIL**

| | |
|---|---|
| ladrar | *to bark* |
| disparar | *to aim; to shoot* |
| rescatar | *to rescue* |

**Columna izquierda:** niño / abuelo /
bombero / perro / muchachos /
presentador / jugador
**Verbos:** ladrar / entrevistar / comer /
disparar / rescatar / aplaudir / leer
**Columna derecha:** al gato / al cartero / la
pelota / a la cantante / el periódico / los
dulces / al actor

MODELO: El bombero *rescata* al gato.

1. _____.

2. _____.

3. _____.

4. _____.

5. _____.

6. _____.

7. _____.

## ACTIVIDAD 11 — ¿Qué pasa aquí?

Complete these miniconversations.

▶ Completa estas pequeñas conversaciones con una expresión apropiada. Usa la forma correcta de **ir a, saber** o **tener que** + un infinitivo de la lista.

| | | |
|---|---|---|
| bailar | cuidar | montar |
| celebrar | dormir | patinar |
| cerrar | explicar | regresar |
| comer | leer | tocar |

MODELO:  CHELA:  ¡No tengo mis libros!
JUANA:  Entonces, *tienes que regresar* a casa.

FELICIA:  Estoy un poco gordita. _____[1] más ensalada y menos pastel.

SR. ÁLVAREZ:  Víctor, ¿qué te pasa? ¿Por qué no bailas?

VÍCTOR:  Es que no _____[2] muy bien.

SRTA. GARCÍA:  Ahora ustedes _____[3] los libros para el examen.

SRTA. GARCÍA:  ¿Todos saben cómo decir qué hora es?

BEATRIZ:  No, señorita, creo que usted _____[4] eso una vez más.

ERNESTO:  ¡No voy a hacer nada todo el fin de semana!

VÍCTOR:  Y ¿no _____[5] *Julio César* para la clase de inglés?

Nombre _____    _____ Fecha

JOE: ¿Van ustedes al cine esta noche?

PACO Y
ROBERTO: No, esta noche _____⁶ el
cumpleaños de nuestra madre.

CHELA: ¡Ji, ji! Ernesto y Patricia no _____⁷ a
caballo.

ROBERTO: ¿Tienes planes para esta tarde después de las clases?

ESTEBAN: Sí, papá dice que _____⁸ a mis
hermanitos esta tarde.

PACO Y
ROBERTO: ¡Qué cansados estamos!

SR. ÁLVAREZ: Creo que ustedes _____⁹ hasta las
once mañana.

SRTA. GARCÍA: ¿Están listos para el concierto?

PATRICIA: Sí, Beatriz y yo ya _____¹⁰ todas las
selecciones muy bien.

FELICIA: ¡Mira a Ana Alicia!

BEATRIZ: Sí, qué bien _____¹¹, ¿verdad?

### ACTIVIDAD 12        ¿Qué jugamos cuando hace buen tiempo?

*Tell what the following people play and what the weather is like.*

▶ Forma seis oraciones para decir qué juegan estas personas según el
tiempo que hace. Usa la forma correcta de jugar y el tiempo y la
actividad apropiados.

| VOCABULARIO ÚTIL | | | |
|---|---|---|---|
| el billar | *billiards* | la rayuela | *hopscotch* |
| las muñecas | *dolls* | los rompecabezas | *puzzles* |
| los muñecos | *action figures* | los trineos | *sleds* |

MODELO: Las personas mayores *juegan con* los rompecabezas cuando
*hace mal tiempo*.

1. La gente vieja _____.

Copyright © McDougal, Littell & Company

2. Los niños pequeños _____

_____.

3. Las niñas pequeñas _____

_____.

4. Yo _____

5. Mi familia y yo _____

_____.

6. Los jóvenes _____.

**Sugerencias:**

| jugar | | jugar con | jugar en |
|-------|---|-----------|----------|
| al básquetbol | a *Monopolio* | *Legos* | el agua |
| al béisbol | a *Pasatiempo trivial* | libros de colorear | el cuarto |
| al billar | a *Piccionario* | muñecas/muñecos | la nieve |
| al boliche | a ser actrices | los rompecabezas | el parque |
| a las cartas | a ser astronautas | los trineos | el patio |
| al Ping-Pong | a ser vaqueros/as | los videojuegos | |
| a la rayuela | | | |
| al voleibol | | | |

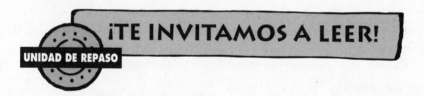

¡TE INVITAMOS A LEER!

UNIDAD DE REPASO

*Look for "María's" name in this article.*

## TÍTERES[1] Y ALGO MAS

**PERO ANTES...** ¿Recuerdas a María en «El Barrio Sésamo»? ¿Y a su "esposo" Luis? En realidad Luis y María no son esposos, pero la hija que tiene María en el programa es su hija de verdad. ¿Sabes cómo se llama María en realidad? Busca su nombre en este artículo.

¡BRAVO!
1B

UNIDAD DE REPASO

La «María» que los niños adoran en «El Barrio Sésamo», tiene más de una faceta. Detrás de la escena, Sonia Manzano escribe guiones[2] para el programa. La idea del casamiento[3] de Luis y María fue[4] idea de Manzano. Ahora, su pequeña hija en la vida real, Gabriella, hace el papel[5] de la hija de los padres de ficción.

Pero eso no es todo. Sonia Manzano es también una promotora incansable[6] de modelos positivos para los jóvenes hispanos. «No hay que confiar en[7] la suerte para alcanzar[8] las metas. Más importantes son el esfuerzo y la perseverancia.»

Manzano, quien tiene ocho premios[9] Emmy por su participación como escritora en «El Barrio Sésamo», también recibió[10] el premio Congressional Caucus por su contribución al enriquecimiento[11] de la vida de los hispanos. Recientemente, recibió un premio de la Asociación de Artes Hispanas por servir de modelo a los hispanos en la televisión.

| | | |
|---|---|---|
| [1]*Puppets* | [5]*hace... plays the role* | [9]*awards* |
| [2]*scripts* | [6]*untiring* | [10]*received* |
| [3]*marriage* | [7]*... You must not trust in* | [11]*enrichment* |
| [4]*was* | [8]*attain* | |

## ¿QUÉ IDEAS CAPTASTE?

▶ Lee cada oración e indica si lo que dice **Es posible, Es probable, No es probable** o **No es posible**, según la información en el artículo.

*Indicate whether each statement is possible or probable or not.*

> **VOCABULARIO ÚTIL**
> aprendiste    *you learned*

1. _____ Sonia Manzano habla español e inglés.

2. _____ A ella no le gusta trabajar con Luis en «El Barrio Sésamo».

3. _____ Ella es de Puerto Rico.

4. _____ Sonia es inteligente y creativa.

5. _____ Ella tiene 62 años.

6. _____ Recibió todos los premios sólo porque tiene buena suerte.

7. _____ Nadie sabe quién es Sonia Manzano.

8. _____ Gabriella es una niña muy traviesa y desagradable.

## Y AHORA, ¿QUÉ DICES TÚ?

1. ¿Recuerdas unas palabras en español que aprendiste en «El Barrio Sésamo»? ¿Cuáles son? _____

2. ¿Cómo es María (Sonia Manzano)? Describe sus características físicas y su personalidad. _____

_____

_____

### VAMOS A SALIR

LECCIÓN 1

# EN EL VECINDARIO

## ESCRÍBELO TÚ

### VOCABULARIO

**ACTIVIDAD 1**   **Hacemos muchos mandados**

► En la familia de Carolina Márquez todos tienen que hacer mandados.
Completa las conversaciones con los lugares de la lista.

*Complete the conversations with words from the list.*

| | | | |
|---|---|---|---|
| biblioteca | correo | panadería | quiosco |
| café | farmacia | papelería | tienda de ropa |
| carnicería | iglesia | | |

CAROLINA: Mamá, voy al _____ [1] a comprar estampillas.

RAQUEL: Mamá, voy con Camila a la _____ [2] a comprar un
nuevo traje de baño.

MADRE: Hijos, necesito carne y pan para la cena. Voy a la

_____ [3] y a la _____. [4]

PADRE: Y yo voy a la _____ [5] a comprar aspirinas y luego al

_____ [6] por el periódico.

PAOLA Y PEDRO: Papá, nosotros vamos contigo. Pero… después de comprar el

periódico, ¿vamos a tomar refrescos en el _____? [7]

TOMÁS: Tengo que escribir un informe para mañana y no tengo

papel. Primero voy a ir a la _____ [8] para comprar

papel y después a la _____ [9] para buscar

información en la enciclopedia.

ABUELITA: ¡Ay de mí! Como todos están ocupados, tengo que ir sola a

la _____ para la misa.[10]

**ACTIVIDAD 2**                    **¡Hay mucho que comprar!**

Tell what you can buy in these places.

¿Qué cosas puedes comprar en estos lugares? En algunos lugares vas a comprar más de una cosa.

| | | |
|---|---|---|
| camisetas | medicinas | queso |
| cereal | pan | revistas |
| fruta | papel para cartas | termómetros |
| jamón | pasteles | verduras |
| lápices | periódicos | vestidos |
| leche | pollo | |

1. la panadería _____

2. la farmacia _____

3. el quiosco _____

4. la carnicería _____

5. la papelería _____

6. el mercado _____

7. la tienda de ropa _____

8. la tienda de comestibles _____

**ACTIVIDAD 3**         **¿Dónde están?**

Look at the drawing and tell where these people are sitting.

▶ Tú vas a un partido de básquetbol con un amigo que no ve muy bien. Al otro lado del gimnasio ves a algunos estudiantes de la clase de español con la Srta. García y el Sr. Álvarez. Explícale a tu amigo donde están todos. Usa las frases de la lista.

| | | |
|---|---|---|
| a la derecha de | cerca de | enfrente de |
| a la izquierda de | delante de | entre |
| al lado de | detrás de | lejos de |

1. Mira, el grupo está directamente _____ nosotros.

2. El Sr. Álvarez está _____ la Srta. García.

3. Paco está _____ la Srta. García.

4. Ernesto está _____ Paco y Esteban.

5. Hay tres muchachas _____ los profesores.

6. Ana Alicia está _____ Felicia.

7. Y _____ Felicia está Beatriz.

8. ¡Pobre Esteban! Está _____ Ana Alicia. (A Esteban le

   gusta estar _____ Ana Alicia.)

**WHERE IS IT?**
The Verb *estar* + Prepositions of Location

**Conexión gramatical**
Estudia las páginas 286–287
en *¿Por qué lo decimos así?*

| EJERCICIO 1 | ¡Al contrario! |
|---|---|

**VOCABULARIO ÚTIL**
plano    *city map*

*Complete Felipe's answers with the correct prepositions.*

▶ Felipe Iglesias ayuda a un señor que visita Sevilla por primera vez. El señor está perdido. Todo está *al contrario* de lo que dice. Completa las respuestas de Felipe con las preposiciones correctas.

a la derecha de          cerca de          detrás de          lejos de
a la izquierda del       delante de        enfrente de

MODELO:   EL SEÑOR:   Hay un restaurante italiano *cerca de* aquí, ¿no? →
          FELIPE:    No, señor. El restaurante italiano está *lejos de* aquí.

EL SEÑOR:   El mercado está *enfrente de* la iglesia, ¿verdad?

FELIPE:   Pues, no. Está _____1 la iglesia. Es la plaza que

está _____2 la iglesia.

EL SEÑOR:   ¿La papelería está *a la derecha del* cine?

FELIPE:   No, no, está _____3 cine.

EL SEÑOR   Pero, el correo está *a la izquierda de* la biblioteca, ¿no es así?

FELIPE:   Al contrario, está _____4 la biblioteca.

EL SEÑOR:   Creo que el quiosco está *detrás de* la panadería, ¿no?

FELIPE:   No, el quiosco está _____5 la panadería.

EL SEÑOR:   ¡Qué barbaridad! Voy a tomar un refresco y estudiar este plano de Sevilla. Pero el café está *lejos de* aquí, ¿verdad?

FELIPE:   No, señor, ¡está muy _____6 aquí!

## SEEING PEOPLE AND THINGS
### The Verb *ver* and the Personal *a*

**Conexión gramatical**
Estudia la página 289 en
**¿Por qué lo decimos así?**

| EJERCICIO 2 | ¿Quién ve la panadería? |

*Complete the conversation with the forms of the verb ver.*

▶ María Luisa Torres y sus amigas Ángela y Leticia van a visitar a una tía de Leticia. Su tía vive en una nueva casa y las muchachas tienen un pequeño problema. Completa la conversación con la forma correcta del verbo **ver**.

Leticia busca en su bolsa pero no _____[1] el papel con la dirección de su tía.

LETICIA: ¡Ay, no! No sé cómo se llama la calle. Sólo sé que está cerca de la Plaza de la Paz, pero no

_____[2] esa plaza. ¿_____[3] una plaza ustedes?

ÁNGELA Y MARÍA LUISA: (*en la esquina*) ¡Sí, sí, _____[4] la plaza! Vamos allá.

LETICIA: Bueno, su casa está enfrente de la panadería «La

Victoria». ¿_____[5] tú una panadería, Ángela?

ÁNGELA: (*mira a la izquierda*) Pues, _____[6] un quiosco, pero nada de panaderías. Y tú, ¿qué

_____,[7] Mari?

MARÍA LUISA: (*mira a la derecha*) Sólo _____[8] una papelería. Vamos a otra esquina. Posiblemente

_____[9] la panadería desde allí.

Leticia va a otra esquina de la plaza, pero no _____[10] la panadería. Ángela y María Luisa van a una esquina diferente y por fin

¡ellas _____[11] la panadería que buscan! Llaman a Leticia.

ÁNGELA Y MARÍA LUISA: Leti, ¡aquí está!

LETICIA: ¡Qué bien! Ahora, ¡vamos a _____[12] a mi tía!

**Write sentences with words or phrases from each column.**

¿Qué vas a hacer después de las clases? Escribe oraciones con palabras o frases de cada columna. **¡Ojo!** Usa la **a** personal cuando te refieres a personas.

MODELO:    Voy a invitar *a mis amigos* a comer pizza.

| | | |
|---|---|---|
| ayudar | mi abuela | en la esquina |
| buscar | el autobús | en la biblioteca |
| cuidar | mi mejor amigo/a | en mi cuarto |
| escuchar | mis amigos | por teléfono |
| esperar | discos | en su casa |
| invitar | un libro de historia | en el cine |
| llamar | mi madre | en la sala |
| mirar | un niño pequeño | en el café |
| ver | una película | a comer pizza |
| visitar | la televisión | en una tienda |

1. Voy a _____.

2. Voy a _____.

3. Voy a _____.

4. Voy a _____.

5. Voy a _____.

6. Voy a _____.

7. Voy a _____.

**Nombre** _____  **Fecha** _____

# LECCIÓN 2 VAMOS AL CENTRO

## ESCRÍBELO TÚ

### VOCABULARIO

**ACTIVIDAD 1**  **Piccionario:** ¿dónde trabajan?

► Imagínate que juegas al «Piccionario». Diez personas hacen dibujos para indicar dónde trabajan. Escribe el nombre de cada lugar.

*Write the name of each place.*

1. Manuel: _____

2. Pedro: _____

3. Silvia: _____

4. Jacobo: _____

5. Elisa: _____

6. Dolores: _____

7. Edmundo: _____

8. Teresa: _____

9. Honorio: _____

10. Rebeca: _____

*Complete the descriptions of means of transportation.*

▶ Lee la descripción y escribe el nombre del medio de transporte.

autobús         metro         taxi
carro            pies          tren

1. Lleva mucha gente y va por las calles de la ciudad. Cuando entramos en éste, compramos un boleto. Es un _____.

2. Es como un tren, pero no lo vemos porque generalmente va por debajo de las calles. Es el _____.

3. Si vamos al centro en este vehículo, tenemos que comprar gasolina y buscar estacionamiento. Es un _____.

4. Es un vehículo muy popular en las ciudades. Es más caro que el autobús y a veces es amarillo. Es un _____.

5. Este transporte lleva a muchas personas de una ciudad a otra. Es un _____.

6. Estos medios de transporte no son muy rápidos, pero no necesitan ni gasolina, ni estacionamiento, ni boletos. ¡Sólo necesitan zapatos! Son los _____.

Nombre _____  Fecha _____

## PRACTICA UN POCO
### GRAMÁTICA

**EXPRESSING WHAT YOU WANT OR PREFER:**
The Verbs *querer* (*ie*) and *preferir* (*ie*)

**Conexión gramatical**
Estudia la página 302 en
**¿Por qué lo decimos así?**

| EJERCICIO 1 | **Las comidas favoritas** |
|---|---|

▶ Imagina qué quieren comer las siguientes personas y personajes. Escribe oraciones serias o chistosas. Usa la forma correcta del verbo **querer.**

*Imagine what these people or characters want to eat.*

MODELO:   Dagwood → Dagwood *quiere* un sandwich enorme.

1. Garfield _____.

2. Los bebés _____.

3. King Kong _____.

4. Mickey y Minnie Mouse _____.

5. Mis amigos y yo _____.

▶ 6. Para el desayuno, yo _____.

Ahora, adivina lo que estas personas o personajes quieren comer. **¡Ojo!**
Usa **tú** y **usted** para decirles tu respuesta.

*Now guess what these people or characters want to eat.*

MODELO:   Silvestre el gato: →
            *Tú quieres* un sandwich de Tweety Bird, ¿verdad?

7. Santa Claus: _____

8. Bugs Bunny: _____

9. El presidente de los Estados Unidos: _____

_____

## EJERCICIO 2 — Las preferencias

▶ ¿Qué prefieren estas personas? Contesta con la forma correcta del verbo **preferir**.

MODELO:   ¿Qué prefieren tus abuelos, la música de Frank Sinatra o la música de Hammer? →
*Prefieren* la música de Frank Sinatra.

1. ¿Qué prefiere tu mejor amigo/a, un Chevy Del Sol o un Jeep Cherokee? _____

2. ¿Qué prefieren tú y tu familia, ir a un museo de ciencias o a un museo de historia? _____

3. ¿Qué color prefieren los jugadores de béisbol de Cincinnati, el azul o el rojo? _____

4. ¿Qué prefiere tu papá/padrastro, el fútbol americano o el básquetbol?

_____

5. ¿Qué prefieren los vendedores de paraguas, un día de lluvia o de sol?

_____

6. Soy Steffi Graf. ¿Qué deporte prefiero yo, hacer gimnasia o jugar al tenis? _____

7. ¿Y tú qué prefieres, U2 o Boyz II Men?

_____

## IS IT FOR ME?
## Pronouns after Prepositions

**Conexión gramatical**
Estudia la página 305 en
**¿Por qué lo decimos así?**

## EJERCICIO 3 — ¡Regalos!

▶ Los estudiantes de la Srta. García hacen una fiesta de Navidad. Completa la conversación con el pronombre correcto: **mí, ti, usted, él, ella, nosotros, nosotras, ustedes, ellos, ellas.**

SRTA. GARCÍA:   Aquí hay varios regalos de color verde. ¿Son para las muchachas?

ESTEBAN:    Sí, son para _____.[1]

SRTA. GARCÍA:    Entonces, estos regalos rojos son para…

ERNESTO:    ¡Son para _____,[2] los muchachos!

SRTA. GARCÍA:    Cálmate, Ernesto. Ahora, creo que este regalo es para Ana Alicia.

PATRICIA:    Sí, Srta. García, es para _____.[3]

SRTA. GARCÍA:    Mira, Chela, un regalo para _____.[4] Aquí está.

CHELA:    Muchas gracias. Juana, Beatriz, estos dos regalos son para

_____.[5]

JUANA Y BEATRIZ:    ¿Para _____[6]? ¡Qué bien! Y aquí vemos cinco

regalos para _____,[7] Srta. García.

SRTA. GARCÍA:    ¿Para _____[8]? ¡Qué amables son ustedes!

## WHAT THINGS DO YOU LIKE?
### *Gusta / Gustan* + Noun

**Conexión gramatical**
Estudia la página 307 en
**¿Por qué lo decimos así?**

| EJERCICIO 4 | Regalos de Navidad |

*Complete each question with* **gusta or gustan.**

▶ Una prima de Marisa Bolini quiere comprar regalos de Navidad para sus tíos y primas. Antes de ir de compras, ella consulta con Marisa. Completa las preguntas con **gusta** o **gustan**.

1. ¿A tu mamá le _____ los perfumes?

2. ¿A tu papá le _____ la revista *Hombre de mundo*?

3. ¿A Adriana le _____ la ropa deportiva?

4. ¿A ti te _____ los discos compactos?

5. A nosotros nos _____ recibir dulces como regalo. ¿A ustedes

les _____ recibir dulces también?

▶ ¡Ahora te toca a ti! Imagínate que tienes que comprar regalos para cuatro miembros de tu familia. Haz una lista de las cosas que les gustan a esas personas.

MODELO:   *A mi tía Ruby le gustan los paraguas grandes.*

6. _____

7. _____

8. _____

9. _____

Nombre _____    Fecha

LECCIÓN **3**  **DE COMPRAS**

## ESCRÍBELO TÚ

### VOCABULARIO

**ACTIVIDAD 1**    **¡Qué confusión!**

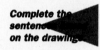
Complete the sentences on the drawing.

▶ Estos jóvenes tienen una cosa pero necesitan otra. Completa las
oraciones con las palabras de la lista.

| | |
|---|---|
| un bate | una pelota |
| una cámara | un radio cassette portátil |
| esquís | una raqueta |
| guantes de béisbol | un televisor |
| patines | una videocasetera |

1. Tiene _____ pero necesita _____ .

2. Tienen _____ pero necesitan _____ .

3. Tiene _____ pero necesita _____ .

4. Tienen _____ pero necesitan _____ .

5. Tiene _____ pero necesita _____ .

**ACTIVIDAD 2**    **¡Vamos de viaje!**

Complete the prices of trips mentioned.

▶ Mira el anuncio de la agencia Viajes Zeppelín de Madrid, España.
Completa los precios, en palabras, de los siguientes viajes.

MODELO:    ¿Cuánto cuesta el viaje de cinco días a Malta?→
Cuesta sesenta y ocho *mil doscientas pesetas.*

| EUROCAMPING | | |
| --- | --- | --- |
| **CIRCUITOS** | **DÍAS** | **DESDE** |
| Sevilla-Expo 92.................... | 4 | 11.500 |
| París-Eurodisney..................... | 7 | 21.300 |
| Dulce Francia........................ | 12 | 32.500 |
| París-Países Bajos ................ | 15 | 38.900 |
| Prusia-Bohemia-Baviera.......... | 16 | 42.600 |
| Italia ................................... | 15 | 42.900 |
| Gran Italia .......................... | 21 | 54.800 |
| Centroeuropa ....................... | 16 | 43.900 |
| Suiza-Selva Negra y el Rhin .... | 16 | 42.900 |
| Inglaterra-Escocia................. | 21 | 84.500 |
| Gran Tour del Mediterráneo .... | 26 | 110.500 |
| Corona Nórdica-Fiordos | | |
| Noruegos ............................ | 22 | 78.200 |
| Cabo Norte-Laponia ................ | 28 | 102.000 |
| Países del Este ....................... | 28 | 71.900 |
| Rusia-Asia Central.................. | 29 | 174.500 |
| Báltico.................................. | 29 | 134.900 |

**Salidas:** Junio, julio-agosto y septiembre.

**Incluye:** Autocar, alojamiento en campings, guía acompañante, visitas con guía local, hotel en algunas ciudades. En la CEI y Repúblicas Bálticas, alojamiento en hotel y pensión completa.

| HOTELTOUR | | |
| --- | --- | --- |
| **CIRCUITOS** | **DÍAS** | **DESDE** |
| Nueva York .................... | 9 | 96.900 |
| Nueva York-Niágara-Washington ................. | 9 | 152.600 |
| USA-Canadá ................. | 16 | 205.200 |
| Estambul ...................... | 3/8 | 60.200 |
| Turquia-Capadocia ........ | 15 | 128.500 |
| Gran Turquía ................ | 25 | 164.500 |
| Egipto-Crucero Nilo ....... | 11 | 111.900 |
| Malta .......................... | 5/8 | 68.200 |
| Malta-Atenas ................ | 8 | 77.200 |
| Lisboa.......................... | 3/8 | 25.800 |

**Salidas:** Desde junio hasta octubre.

**Incluye:** Viaje en avión, alojamiento en hoteles, guías acompañantes y locales, seguros, etc.

**Solicite folleto informativo**

**VIAJES ZEPPELIN, S. A.**
CICMA 134
28013 MADRID. Cuesta Santo Domingo, 24
(Esq. plaza Santo Domingo)
Tels. (91) 248 30 71 - 248 01 55 - 248 84 19

1. ¿Cuánto cuesta el viaje de quince días a Italia?

   Cuesta cuarenta y dos _____.

2. ¿Cuánto cuesta el viaje de veintiún días a Inglaterra y Escocia?

   Cuesta ochenta y cuatro _____.

3. ¿Cuánto cuesta el viaje de tres días a Lisboa?

   Cuesta veinticinco _____.

4. ¿Cuánto cuesta el viaje de siete días a París y Eurodisney?

   Cuesta veintiún _____.

**ACTIVIDAD 3**  **Los materiales**

Tell what these groups of things are made of.

Por lo general, ¿de qué son los siguientes grupos de cosas? Escribe el material correcto en el espacio en blanco.

| | | |
| --- | --- | --- |
| de algodón | de lana | la perla |
| de cuero | el oro | de plástico |
| el diamante | de papel | la plata |

1. _____: una bolsa, una pelota de fútbol, algunos cinturones, un par de zapatos

**Nombre** _____   _____ **Fecha**

2. _____: el dinero, algunas estampillas, un periódico, un calendario

3. _____: una camiseta, algunos calcetines, los jeans, una sudadera

4. _____: un bolígrafo, una planta artificial, los lentes de sol

5. _____: un suéter, un abrigo, algunos pantalones, algunos guantes

▶ Y ahora completa estas oraciones con el nombre de un material.    *Complete the sentences.*

6. Cuatro materiales que asociamos con las joyas son

_____, _____, _____ y _____.

7. ¿Tienes un anillo favorito? ¿De qué material es? _____

8. ¿Tienes un arete o aretes favoritos? ¿De qué material es (son)?

_____

# PRACTICA UN POCO

## GRAMÁTICA

**IT** AND **THEM**
The Impersonal Direct Object Pronouns: *lo*, *la*, *los*, and *las*

**Conexión gramatical**
Estudia las páginas 320–321
en **¿Por qué lo decimos así?**

### EJERCICIO 1 — ¿A qué quieres jugar?

*Complete the conversation with lo, la, los, or las.*

▶ En Buenos Aires, Marisa Bolini y su amiga Gabriela van con Alvarito, el hermanito de Gabriela, a una tienda de artículos deportivos. Alvarito no sabe exactamente qué quiere comprar. Completa la conversación con **lo, la, los, las.**

> **VOCABULARIO ÚTIL**
> querés      quieres (Argentina)

ALVARITO: Pues, no sé qué voy a comprar… ¿Tienen bates?

DEPENDIENTE: Sí, _____¹ tenemos. Aquí están.

ALVARITO: Me gusta este bate grande. Hummm, no… No

_____² quiero. Vamos a ver. ¿No tienen pelotas

de béisbol? No _____³ veo.

DEPENDIENTE: ¡Claro qué sí! ¿Te gusta esta pelota?

ALVARITO: Sí, pero… no _____⁴ quiero comprar.

DEPENDIENTE: Los patines son muy buenos y son una ganga.

¿_____⁵ querés ver?

ALVARITO: No, son demasiado caros y no sé patinar. Pero me gusta jugar al tenis. ¿Tienen raquetas de tenis?

DEPENDIENTE: Sí, aquí _____⁶ tengo.

ALVARITO: No, no me gustan. ¡Ya sé qué quiero! Quiero una patineta.

DEPENDIENTE: ¿Patinetas? Lo siento. ¡No _____⁷ tenemos!

## EJERCICIO 2 — Según tu experiencia: ¿dónde los tienes?

Tell where
keep
these things

▶ ¿Dónde tienes o dónde compras las siguientes cosas? Contesta las preguntas. Usa **lo**, **la**, **los** o **las**.

MODELOS: ¿Dónde tienes *la chaqueta* hoy? →
*La* tengo en mi lóquer.

¿Dónde compras tus *libros* para la escuela? →
No *los* compro. Mi mamá *los* compra.

1. ¿Dónde tienes tu radio portátil?

   _____

2. ¿Dónde tienes tus fotografías favoritas?

   _____

3. ¿Dónde tienes tu tarea de español?

   _____

4. ¿Dónde tienes los calcetines?

   _____

5. ¿Dónde compras pizzas para comer en la casa?

   _____

6. ¿Dónde compras tu música favorita?

   _____

7. ¿Dónde compras los tenis y artículos deportivos?

   _____

8. ¿Dónde compras un sandwich después de las clases?

   _____

# ¡TE INVITAMOS A LEER!

## EL TRANSPORTE PÚBLICO

**PERO ANTES...** En los Estados Unidos, casi todas las familias tienen carro. ¿Crees que es lo mismo en los países hispanos? ¿Por qué? ¿Qué tipo de transporte público hay donde vives? ¿Te gusta usar el transporte público? Explica por qué.

Parte de un templo que se encuentra en una estación de metro de Ciudad de México.

En algunos de los países hispanos, un carro es más que un medio de transporte. ¡Es un lujo°! Por eso, gran parte de la gente depende del transporte público para ir al trabajo, a la escuela y a otros lugares.      *luxury*

En los pueblos y ciudades de América Latina y España hay muchos autobuses. Éstos pasan con frecuencia, de día y de noche, son eficientes y transportan un gran número de personas. Los taxis también abundan y no son muy caros.

Pero el medio de transporte más importante en las grandes ciudades es el metro. Los metros de las ciudades de Barcelona, Buenos Aires, Caracas, México y Madrid transportan a millones de personas todos los días. No hay que olvidarse de que° en estas ciudades y sus alrededores° viven más de... ¡40 millones de personas!      *No... You shouldn't forget that / suburbs*

Nombre _____       Fecha

## ¿QUÉ IDEAS CAPTASTE? 〰〰〰〰〰〰〰〰〰

▶ Escribe la letra de la frase que mejor completa cada oración.

> Write the letter of the phrase that best completes each sentence.

MODELO:   Mucha gente usa el transporte público en vez de un carro porque → d.   los carros son muy caros.

1. Mucha gente usa el transporte público en vez de un carro porque _____.

2. No hay que esperar mucho a los autobuses porque _____.

3. Los taxis son un medio de transporte popular porque _____.

4. El metro no causa problemas de tráfico porque _____.

5. El metro es muy importante en las ciudades grandes porque _____.

a. pasan con frecuencia

b. hay muchos y no son muy caros

c. transporta a millones de personas

d. los carros son muy caros

e. va por debajo de las calles

## Y AHORA, ¿QUÉ DICES TÚ? 〰〰〰〰〰〰〰〰〰

1. ¿Es conveniente ir de compras en autobús donde tú vives? ¿Por qué?

   _____

2. ¿Hay muchos taxis donde vives? ¿Son baratos o caros?

   _____

# ESCRIBE ALGO MÁS

**ACTIVIDAD 1**     **El mundo loco**

...ny nine
...that are
wrong with the
drawing.

▶ Esta plaza es un poco extraña. Venden helado en la carnicería y ¡quién sabe qué cosas más! Mira el dibujo y escribe nueve cosas locas. **Verbos útiles:** hace… , hay, lleva, vende(n)

1. _____

2. _____

3. _____

4. _____

5. _____

6. _____

7. _____

8. _____

9. _____

# ¡BRAVO!
## 1B

**Nombre** _____   _____ **Fecha**

**ACTIVIDAD 2**  **El regalo perfecto**

*Do the puzzle to discover the perfect gift for Miss Piggy.*

► Completa el rompecabezas para descubrir el regalo perfecto para la Srta. Cerdita. Lee la columna vertical gris y completa la última oración.

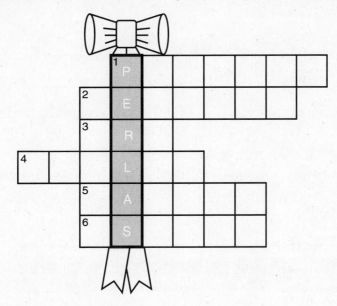

¿Cuál es el regalo perfecto para…

1. un jugador de hockey sobre hielo?

2. Gabriela Sabatini? (Ya tiene una raqueta.)

3. una pareja que celebra 50 años de casados? (una joya de _____)

4. una novia, si el novio quiere que ella sea su esposa?

5. un fotógrafo?

6. una persona que va a pasar sus vacaciones de enero en Aspen, Colorado?

A la Srta. Cerdita le gustan mucho los collares de _____.

**Adivinanza:** ¿qué es?

▶ Mucha gente dice que es bueno y mucha gente dice que es malo. Casi todo el mundo lo quiere. Completa las oraciones con los verbos de la lista y luego escribe el nombre de la cosa misteriosa.

| | | |
|---|---|---|
| compramos | gastamos | regatear |
| cuesta | gastar | vender |
| depositamos | | |

1. Cuando _____ cosas, lo _____.

2. Si no lo queremos _____, lo _____ en el banco.

3. Si una cosa en el mercado _____ demasiado, podemos

   _____.

4. Si lo necesitamos, podemos _____ una de nuestras cosas.

   ¿Qué es? Es el _____.

# CON TUS PROPIAS PALABRAS

▶ **Mi cuarto**. Describe tu cuarto (o un cuarto ideal). ¿Qué cosas hay en el cuarto? ¿Cómo son? ¿Dónde están? Usa las preposiciones de lugar: **cerca de, delante de, detrás de, en, enfrente de, entre, al lado de, a la derecha de, a la izquierda de, cerca de, lejos de.**

**VOCABULARIO ÚTIL**

| | |
|---|---|
| cama | *bed* |
| cojín | *cushion* |
| espejo | *mirror* |
| estante | *bookshelf* |
| pared | *wall* |
| rincón | *corner* |

MODELO: Mi cuarto (ideal) es muy grande. Es azul. Tengo un estéreo nuevo muy caro. Está enfrente de la ventana. Al lado del /de la…

_____

**Nombre** _____  **Fecha** _____

_____

_____

_____

_____

_____

_____

_____

*CON TUS PROPIAS PALABRAS*

¡BRAVO!
1B

# UNIDAD 6
# LA VIDA PERSONAL

### LECCIÓN 1
# EL ARREGLO PERSONAL

## ESCRÍBELO TÚ
### VOCABULARIO

**ACTIVIDAD 1**   Farmacia Luz y Vida

▶ Hay una gran liquidación en la Farmacia Luz y Vida en la Ciudad de México. Completa el anuncio con los nombres de los productos.

*Write in the names of the products.*

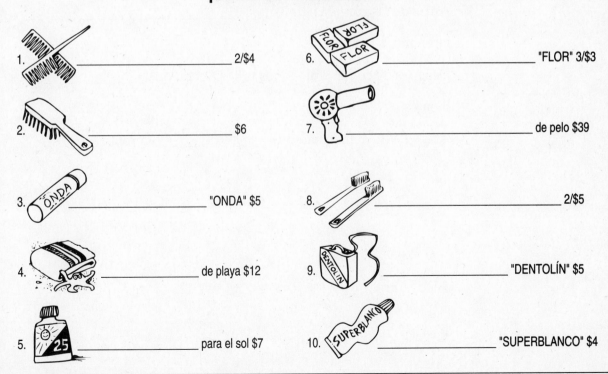

## GRAN LIQUIDACIÓN EN LA FARMACIA LUZ Y VIDA
### ¡SÓLO ESTA SEMANA!

1. _____ 2/$4

2. _____ $6

3. _____ "ONDA" $5

4. _____ de playa $12

5. _____ para el sol $7

6. _____ "FLOR" 3/$3

7. _____ de pelo $39

8. _____ 2/$5

9. _____ "DENTOLÍN" $5

10. _____ "SUPERBLANCO" $4

**ACTIVIDAD 2**　　　**Situaciones:** ¿Qué tienen que hacer?

▶ ¿Qué tienen que hacer estas personas para su arreglo personal?
Completa las oraciones con los verbos de la lista.

| | | |
|---|---|---|
| acostarse | lavarse | pintarse |
| bañarse | levantarse | ponerse |
| cepillarse | maquillarse | quitarse |
| ducharse | peinarse | secarse |

1. Después de jugar al fútbol, el deportista tiene que _____ o

   _____.

2. Una modelo que tiene una sesión fotográfica tiene que

   _____ la cara, _____ las uñas y

   _____.

3. Antes de _____ al sol, la gente tiene que _____

   loción protectora.

4. Para llegar a tiempo a la escuela, los estudiantes tienen que

   _____ temprano.

5. Antes de las comidas, hay que _____ y _____

   las manos.

6. Después de comer dulces, los niños tienen que _____ los

   dientes.

7. Antes de ducharse, hay que _____ la ropa.

# PRACTICA UN POCO
## GRAMÁTICA

**EVERYDAY ACTIONS**
The Irregular Verbs *salir*, *poner*, and *traer*

**Conexión gramatical**
Estudia la página 339 en
**¿Por qué lo decimos así?**

**EJERCICIO 1**          **¿De dónde salen?**

Guess what place these people are leaving.

▶ Adivina de dónde salen estas personas según los comentarios que hacen.
Usa la forma correcta del verbo **salir** y los lugares de la lista.

| | | |
|---|---|---|
| el baño | el gimnasio | la panadería |
| la carnicería | el jardín zoológico | la zapatería |
| el cine | la joyería | |

MODELO:      VÍCTOR Y BEATRIZ:   Mmm, ¡estos pasteles son deliciosos! →
                                  *Salen de la panadería.*

1.      CHELA:   Las botas son bonitas pero son muy caras.

_____

2. ERNESTO Y PACO:   ¡Qué película más aburrida!

_____

3.      ESTEBAN:   ¡El agua está muy fría y no hay jabón!

_____

4.    FELICIA Y YO:   Después de hacer tanto ejercicio hay que bañarse, ¿no?

_____

5.    VÍCTOR Y TÚ:   Qué lindos son los tigres blancos, ¿verdad?

_____

**EJERCICIO 2**          **En el mundo loco**

Make up crazy answers to these questions.

▶ Inventa respuestas locas para las siguientes preguntas. Usa las formas
correctas de **salir**, **poner** o **traer**.

MODELO:   En el mundo loco, ¿dónde pones los zapatos por la noche? →
          *Pongo* los zapatos en el refrigerador.

En el mundo loco...

1. ¿dónde pone las toallas tu mamá?

_____

2. ¿qué pones en tu mochila?

_____

3. ¿qué ponen tú y tus amigos en las pizzas?

_____

4. ¿a qué hora salen los estudiantes para la escuela?

_____

5. ¿para dónde sale tu profesor(a) de historia los sábados?

_____

6. ¿de dónde salimos después de ver una película?

_____

7. ¿qué trae el cartero a tu casa?

_____

8. ¿qué te traen tus amigos el día de tu cumpleaños?

_____

9. ¿qué traen tú y tu familia cuando regresan de las vacaciones?

_____

## TALKING ABOUT DAILY ROUTINE
### Reflexive Pronouns (Part 1)

**Conexión gramatical**
Estudia las páginas 342–343
en **¿Por qué lo decimos así?**

**EJERCICIO 3**          **Secretos de los modelos**

▶ Dos modelos hablan con los estudiantes de una clase de higiene en el
Colegio Madrid. Completa la conversación con **me**, **te** o **se**.

Complete the
conversation
with **me, te, or
se.**

UNIDAD

**Nombre** _____     _____     **Fecha**

| | |
|---|---|
| MARIÁ LUISA: | Señorita, ¿con qué frecuencia _____[1] lava usted el pelo? |
| LA MODELO: | Yo _____[2] lavo el pelo cada dos días. |
| MARIÁ LUISA: | ¿Y usted, señor? |
| EL MODELO: | Yo prefiero lavar_____[3] el pelo todos los días. |
| ÁNGELA: | Yo _____[4] lavo el pelo dos o tres veces a la semana. ¿Está bien? |
| LA MODELO: | Si es seco, debes lavar_____[5] el pelo con menos frecuencia. Pero, _____[6] cepillas el pelo dos o tres veces al día, ¿verdad? |
| ÁNGELA: | Claro. |
| LUIS: | Señor, ¿con qué champú _____[7] lava usted el pelo? |
| EL MODELO: | Siempre _____[8] lavo el pelo con champú Luz. |
| | Después _____[9] pongo un poco de gel. Y luego _____[10] peino con mucho cuidado. |
| LUIS: | Yo _____[11] seco el pelo con el secador. ¿Es malo para el pelo? |
| EL MODELO: | Me parece bien. Y, dime, joven, ¿con qué pasta _____[12] cepillas los dientes? |
| PANCHO: | Me gusta la pasta Sonrisa. |
| EL MODELO: | Ah, pues, es la misma pasta que uso yo. |
| PANCHO: | Y ¿le gusta ser modelo? |
| EL MODELO: | Sí, mucho. |
| PANCHO: | Hummm… creo que quiero ser modelo como usted. |
| TODOS: | ¡Ja! ¡Ni en tus sueños! |

LECCIÓN **2**

# LOS HÁBITOS Y LA SALUD

## ESCRÍBELO TÚ

### VOCABULARIO

**ACTIVIDAD 1**    Los problemas de salud

► ¿Qué dicen estas personas? Completa las oraciones con las siguientes palabras.

*Complete the sentences.*

antibióticos        jarabe
catarro             médico
cortada             miel
curita              pastillas
dolor de cabeza     sal
dolor de garganta   té
fiebre              vitaminas

¡Mamá, tengo una _____! ¡Necesito una _____!

1.

Tiene _____.

El _____ dice que necesita antibióticos.

2.

Tengo _____ y tos.

Este _____ es excelente.

3.

¿Qué son estas _____?

Son _____. Te van a hacer grande y fuerte.

4.

Tengo _____. Voy a hacer _____ con _____ y limón.

5.

*Complete the sentences.*

El gato Garfield tiene muy malos hábitos. ¿Qué crees que debe hacer? Completa las oraciones con las frases de la lista.

cuidar de la salud
hacer más ejercicio
ir al veterinario
ponerse a dieta
tomar un jarabe
tomar vitaminas

1. Garfield está gordo porque come lasaña y postres. Él debe

   _____ .

2. Nunca come alimentos nutritivos. Creo que debe

   _____ .

3. Sólo come, mira la televisión y duerme. Debe

   _____ .

4. Cuando canta mucho y tiene tos, debe

   _____ .

5. Todos sus hábitos son malos. Garfield debe

   _____ .

6. Pero si no cuida de la salud y se pone enfermo, entonces debe

   _____ .

**Nombre** _____  _____ **Fecha**

# PRACTICA UN POCO
## GRAMÁTICA

**WHAT CAN YOU DO?**
**Verbs like *poder***

**Conexión gramatical**
Estudia la página 356 en
**¿Por qué lo decimos así?**

**EJERCICIO 1**     **Un día pésimo**

**Complete the sentence with a form of poder.**

▶ ¡Pobre Luis! Luis le cuenta a Pancho que quiere hacer muchas cosas hoy pero… no puede. Completa las oraciones con la forma correcta del verbo **poder**.

1. Quiero ir al gimnasio, pero no _____ porque está cerrado.

2. Quiero ir al cine contigo, pero tú no _____.

3. Mi madre tiene fiebre y no _____ preparar los tamales que me gustan.

4. Tú y yo no _____ jugar al fútbol porque llueve.

5. Quiero dar una fiesta y no _____ porque ustedes no _____ venir.

6. Y ahora no _____ hablar más porque tengo dolor de garganta. ¡Ay, qué día más malo!

**MORE ABOUT DAILY ROUTINES**
**Reflexive Pronouns (Part 2)**

**Conexión gramatical**
Estudia la página 358 en
**¿Por qué lo decimos así?**

**EJERCICIO 2**     **¡Tantas preguntas!**

**Complete the conversation with the correct form of the verb.**

▶ Carlitos, el hermanito de Marcos, quiere saber todo sobre los perros de Julio. Completa la conversación con la forma correcta de cada verbo.

CARLITOS:  ¿Cuántos perros tienes? ¿Cómo _____ _____¹?
(llamarse)

JULIO:  Bueno, en la finca de mi tío hay dos perros grandes. _____

_____² Chacón y Flaquito. (llamarse)

CARLITOS: ¿A Chacón y a Flaquito les gusta _____³? (bañarse)

JULIO: No, ellos no _____ _____⁴ solos. Nosotros tenemos que bañarlos. Bañamos a los perros en el jardín. (bañarse)

CARLITOS: ¿Cómo _____ _____⁵ los perros? ¿Con el secador de pelo? (secarse)

JULIO: No, Carlitos. Los perros _____ _____⁶ al sol. (secarse)

CARLITOS: ¿Dónde _____⁷ los perros? (dormir) ¿_____

_____⁸ en el sofá? (acostarse)

JULIO: ¡En el sofá! No, ellos _____⁹afuera, con los otros animales. (dormir)

CARLITOS: ¿A qué hora _____ _____¹⁰ los perros? (levantarse)

JULIO: ¡Uuy! Pues, nosotros preferimos _____¹¹ a las

seis, pero ¡Flaquito y Chacón _____ _____¹²

a las cinco! (levantarse, levantarse) Entonces, nadie

_____¹³ dormir más. (poder)

## EJERCICIO 3 — Un perfil personal

▶ ¿Con qué frecuencia haces las siguientes cosas?

a veces                      a diario
(casi) nunca                 por lo general
(casi) siempre               una vez / dos/tres veces a la
                             semana / al mes / al año

MODELOS: ir al médico → Voy al médico *una vez al año.*
comer yogur → Como yogur *tres veces a la semana.*

1. tomar antibióticos _____

2. tener catarro _____

3. acostarse a las 8:00 _____

How often do you do the following things?

4. tomar vitaminas _____

5. tener dolor de cabeza _____

6. dormir sólo cuatro horas _____

7. ponerse a dieta _____

8. comer tofu _____

9. quedarse en cama hasta el mediodía _____

Nombre _____  Fecha _____

# LECCIÓN 3
# LA FAMILIA Y LAS EMOCIONES

## ESCRÍBELO TÚ
### VOCABULARIO

**ACTIVIDAD 1**     **La familia de Pedro y Celeste**

▶ Éste es el árbol genealógico de Pedro y Celeste Fuentes, los abuelos de María Luisa Torres.

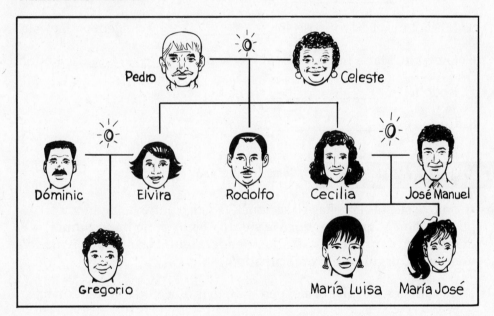

*Complete the sentences about the family tree.*

▶ **Paso 1.** Completa las oraciones con los nombres apropiados.

1. Las hijas de Cecilia y José Manuel se llaman _____ y

   _____.

2. Los tíos de María Luisa y María José se llaman _____,

   _____ y _____.

3. El sobrino de Rodolfo se llama _____.

4. Los nietos de Pedro y Celeste se llaman _____,

   _____ y _____.

5. La cuñada de José Manuel se llama _____.

Explain the relationships. Only new vocabulary is listed.

▶ **Paso 2.** ¿Cuáles son las relaciones entre estas personas? Sólo las palabras nuevas están en la lista.

| la cuñada | la nieta | la sobrina |
|-----------|----------|------------|
| el cuñado | el nieto | el sobrino |

1. Rodolfo es _____ de Pedro y _____ de Elvira.

2. Pedro y Celeste son _____ de María José.

3. Elvira es _____ de María Luisa.

4. Gregorio es _____ de Dóminic, _____ de

   Celeste y _____ de Cecilia.

5. María Luisa y María José son _____ de Pedro y Celeste.

6. Gregorio, María Luisa y María José son _____ de Rodolfo.

7. Rodolfo es _____ de Dóminic.

8. Cecilia es _____ de Dóminic.

**ACTIVIDAD 2**   ¿Cómo te sientes?

Tell how you feel in these situations.

▶ ¿Cómo te sientes en estas situaciones? Escoge entre las siguientes posibilidades: **Tengo miedo; Me siento / Estoy… de buen humor, de mal humor, deprimido/a, desilusionado/a, entusiasmado/a, irritado/a, nervioso/a, orgulloso/a, preocupado/a, solo/a.**

1. Tus amigos/as van al cine, pero tú tienes que cuidar a tu hermanito.

   _____

2. Tu tía te corta el pelo.

   _____

3. Estás solo/a en casa y miras una película de terror en la tele.

   _____

4. Tienes planes para ir a un picnic, pero llueve.

   _____

**Nombre** _____   _____ **Fecha**

5. Tu escuela gana el campeonato de fútbol americano.

   _____

6. Crees que te van a regalar una bicicleta para tu cumpleaños pero te
   regalan una raqueta de tenis.

   _____

7. Es un sábado de verano y todos tus amigos/as están de vacaciones.

   _____

8. Manejas un carro por primera vez.

   _____

# PRACTICA UN POCO
## GRAMÁTICA

**HOW DO YOU FEEL?**
**Verbs like sentirse (ie)**

**Conexión gramatical**
Estudia la página 373 en
**¿Por qué lo decimos así?**

**EJERCICIO 1**          **Las reacciones**

Tell how these people feel and if they're having fun.

▶ La gente puede tener distintas reacciones ante la misma situación. Di cómo se sienten y cuánto se divierten estas personas en las situaciones indicadas. **Palabras útiles:** mucho, bastante, un poco, no… nada

> **VOCABULARIO ÚTIL**
> al + *inf.*       *when* (someone) *does* (something)

MODELOS:   Al andar en triciclo…
a. tú y tus amigos:  *Nos sentimos* chistosos.
                          *Nos divertimos.*
b. los niños de 4 años:  *Se sienten* muy orgullosos.
                          *Se divierten* mucho.
c. Bruce Willis:  *Se siente* bastante estúpido.
                          *No se divierte* nada.

1. Al montar a caballo…

   a. Clint Eastwood: _____

   b. tú: _____

   c. las personas de 76 años: _____

2. Al jugar al boliche…

   a. tu profesor(a) de ciencias: _____

   b. los jugadores profesionales: _____

   c. tú y tu familia: _____

3. Si tiene(n) que luchar con Hulk Hogan…

   a. el director (la directora) de tu escuela: _____

   _____

**Nombre** _____       **Fecha**

  b.  todos ustedes (la clase de español): _____

     _____

  c.  los luchadores de *sumo*: _____

     _____

4.  Al escuchar la música de Marky Mark—¡muy fuerte!

  a.  tu papá/mamá: _____

  b.  tú: _____

  c.  Hammer y Vanilla Ice: _____

## EXPRESSING PERSONAL RELATIONSHIPS AND POSSESSION
### The Possessive Adjectives *nuestro(s)*, *nuestra(s)*, *su(s)*

**Conexión gramatical**
Estudia la página 376 en
*¿Por qué lo decimos así?*

---

**EJERCICIO 2**       **Mi sopa, tu sopa**

*Complete the conversation with the appropriate adjective.*

▶ Humberto va con sus padres a su restaurante favorito. El nuevo mesero tiene muy mala memoria. Completa la conversación con **mi**, **tu**, **su**, **sus**, **nuestro**, **nuestra**, **nuestros** o **nuestras**.

MESERO:    Aquí tengo _____[1] sopa, señores.

PADRE:    Muchas gracias. Y, ¿puede traer _____[2] bebidas, por favor? Mi esposa quiere té helado, mi hijo quiere limonada y yo quiero café.

MESERO:    Hummm, ah, ah, este… ¡Sí, las traigo inmediatamente!

HUMBERTO:    _____[3] mesero está un poco nervioso, ¿no?

MADRE:    Sí, es que es nuevo… Tengo sed. Quiero _____[4] té helado.

MESERO:    Aquí está _____[5] café, señora, y

    _____[6] limonada, señor, y _____[7] té helado, joven.

PADRE: ¡Qué confusión! Son _____[8] bebidas, pero yo

tengo _____[9] limonada, Humberto. Y tú tienes

_____[10] café, querida.

(*Más tarde*)

HUMBERTO: Mira, papá. La gente en la otra mesa tiene

_____[11] pescado frito.

MESERO: (*de prisa*) _____[12] hamburguesas, señores. Ya

traigo _____[13] verduras. (*Se va.*)

PADRE: (*Al señor de la otra mesa.*) Perdón, señor, creo que ustedes

tienen _____[14] comida. _____[15]

hamburguesas parecen deliciosas, pero preferimos el pescado.

MADRE: ¡Pobre muchacho! Está muy confundido.

MESERO: Aquí están _____[16] otros platos. ¿Está bien todo?

PADRE: Mire, joven, _____[17] pescado está un poco frío.

MESERO: ¿¡_____[18] pescado!? ¿Dónde están

_____[19] hamburguesas?

PADRE: Están allí, en la otra mesa.

MESERO: ¡No entiendo nada! ¡Es muy difícil ser mesero!

## ¡TE INVITAMOS A LEER!

## LA RUTINA DIARIA DE MARISA

**PERO ANTES...** ¿A qué hora te levantas? ¿A qué hora sales para la escuela? ¿Dónde almuerzas, en la escuela o en casa? En esta carta, Marisa Bolini describe un día típico de su vida. ¿Se parece a un día típico en tu vida?

*Decide whether Marisa's daily routine is anything like yours.*

Buenos Aires
23 de febrero

Querida Ana Alicia:

Como me preguntás,[1] te voy a contar algo de mi rutina diaria. Durante la semana me levanto a las 6:30. Me gusta bañarme y peinarme antes que Adriana, porque ella siempre hace un desastre del baño y ¡eso es sólo con lavarse los dientes! (Tenés[2] suerte de ser hija única).

Después ayudo a mi papá a preparar el desayuno. Después de desayunar enseguida salgo para el colegio. Llego a las 8:00. Me gustaría hablar con mis amigas antes de las clases, pero tengo que esperar hasta las 10:30 cuando tenemos recreo. Comemos una merienda y charlamos un poco. Entonces regreso al salón de clase y... vos bien sabés[3] como son las clases, ¿no? ¡A veces me parece que la hora del almuerzo nunca va a llegar! Pero al fin voy a casa a las 2:00 y almuerzo con la familia. Una amiga me dice que en los EE.UU. los estudiantes no almuerzan en casa. ¿Es cierto eso?

Por las tardes siempre estoy ocupadísima. Unos días tengo clase de piano o de ballet, otros días ayudo a mis tíos en su tienda de ropa. Me gusta trabajar allí—es mucho mejor que ayudar con los quehaceres de la casa. Cuando puedo, voy al club de deportes con Gabriela y Diego para nadar o jugar al tenis.

Por supuesto, tengo que hacer la tarea por la noche y, a veces, si no puedo escaparme, tengo que lavar los platos y limpiar la cocina después de la cena. Cuando hay tiempo, salgo con mis amigos a un café o vienen ellos a la casa y vemos videos de música en la tele. Luego, a las 11:00, mi hermana y yo nos acostamos. Es un poco temprano, ¡pero las 6:30 viene tan pronto!

Bueno, Ana Alicia, los fines de semana son más interesantes, pero eso te lo cuento en otra carta. Chau, y hasta pronto.

Tu amiga de Buenos Aires,
Marisa Bolini

[1]preguntas (*Arg.*)    [2]Tienes (*Arg.*)    [3]vos... tú bien sabes (*Arg.*)

## ¿QUÉ IDEAS CAPTASTE?

▶ Compara tu rutina con la de Marisa. Completa las oraciones.

*Compare your routine with Marisa's.*

**MODELO:** Marisa se levanta a _____ (y / pero) yo _____. →
Marisa se levanta *a las 6:30 y yo me levanto a las 6:30 también* (pero yo *me levanto a las 7:00*).

1. Antes del desayuno, ella _____ (y / pero) yo

_____.

2. Marisa llega al colegio a _____ (y / pero) yo

_____ .

3. Ella almuerza en _____ (y / pero) yo

_____ .

4. A veces Marisa tiene clases de _____ (y / pero) yo

_____ .

5. A Marisa le gusta evitar (*avoid*) _____ de la casa (y / pero)

a mí _____ .

6. Después de la cena ella tiene que _____ (y / pero) yo

_____ .

7. Ella y los amigos miran _____ (y / pero) yo

_____ .

8. Las hermanas _____ a las 11:00 (y / pero) yo

_____ .

## Y AHORA, ¿QUÉ DICES TÚ? 〰〰〰〰〰〰〰〰〰〰〰

1. ¿Qué rutina diaria prefieres, tu rutina o la de Marisa? ¿Por qué?

_____

_____

2. Inventa una rutina diaria ideal. ¡Usa tu imaginación!

_____

_____

_____

_____

Nombre _____    Fecha _____

## UNIDAD 6 — ESCRIBE ALGO MÁS

**ACTIVIDAD 1**   **Crucigrama:** ¡pobre Ana Alicia!

► Chela está muy enferma hoy. Usa los dibujos y las pistas en la página 192 para completar el crucigrama.

**Complete the crossword.**

1

2

3

4

5

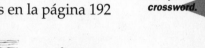
6

19

7

18

8

17

9

16

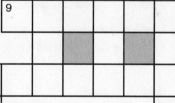

15

14

13

12

11

10

| HORIZONTALES | VERTICALES |
|---|---|
| 4. Tiene la _____ triste. | 1. Un _____ malo. |
| 5. Hoy no se pinta las _____. | 2. Es para el 8 horizontal. |
| 8. Tiene una _____. | 3. Es para la tos. |
| 9. Hoy no se quita el _____. | 6. Es para el dolor de garganta. |
| 10. También tiene _____. | 7. ¿Qué tiene? |
| 12. Toma una _____. | 11. Tiene dolor de _____. |
| 16. Necesita _____. | 13. Es el contrario de **allí**. |
| 18. Mamá llama al _____. | 14. Hoy no se pone _____ de labios. |
| 19. Hoy no va a hacer _____. | 15. Tiene que beber mucha _____… |
| | 17. …porque tiene mucha _____. |

## ACTIVIDAD 2 ¡Eres siquiatra!

*Diagnose each person's condition.*

▶ Lee los problemas de estas personas. Luego escribe tu diagnosis. Usa los verbos **estar**, **sentirse** o **tener** y las palabras de la lista.

| deprimido | orgulloso | preocupado |
|---|---|---|
| desilusionado | miedo | nervioso |
| irritado | solo | |

1. SR. ROJAS: Cuando manejo, siempre creo que voy a tener un accidente; me como las uñas y mis manos tiemblan.

   Cuando maneja, el señor _____ _____ muy

   _____.

2. SRA. SILVA: Si mis hijos no llegan de la escuela puntualmente, no puedo pensar en otra cosa hasta verlos entrar.

   La señora _____ _____ por los hijos.

3. SR. GÓMEZ: Mis amigos dicen que mi novia, la mujer de mis sueños, sale con otros hombres. ¡No puedo creerlo!

   El señor _____ _____ _____ con su novia.

4. SRTA. SOSA:  Vivo en un apartamento y los vecinos escuchan música
muy fuerte… ¡y es de los New Kids! ¡Los detesto!

Su problema es que _____ _____ con ellos.

5. SR. TAPIA:  Yo trabajo en casa. Sólo salgo a comer. No veo a nadie;
nadie me llama por teléfono. No tengo amigos.

El señor _____ _____ _____.

6. SRA. VILLA:  ¡Mi vida es terrible! No quiero comer; no quiero ver a mis
amigos. Estoy muy triste.

La señora _____ _____ _____.

7. SR. CALVO:  No puedo ir a mi trabajo porque en el camino hay muchos
perros grandes.

El señor _____ _____ de los perros.

8. SRTA. OREA:  No entiendo por qué no tengo amigos. Soy muy bonita,
inteligente y rica. Tengo una casa perfecta y llevo ropa
muy cara.

Posiblemente la señorita _____ _____ un poco

_____.

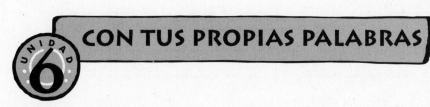

## CON TUS PROPIAS PALABRAS

▶ **Personalidades contrarias.** Reginaldo y Dulcinea tienen personalidades,
gustos y hábitos muy diferentes de los de Flojita y Pasmodino. Describe
a una persona de cada pareja. Usa tu imaginación.

1. Describe su apariencia y personalidad, su arreglo y hábitos
personales (¿con qué frecuencia se baña?, ¿qué come?, ¿cuánto
duerme?, etcétera).

2. Describe sus gustos y su vida personal (¿tiene amigos?, ¿estudia
mucho?, ¿cómo se siente en diferentes situaciones?, etcétera).

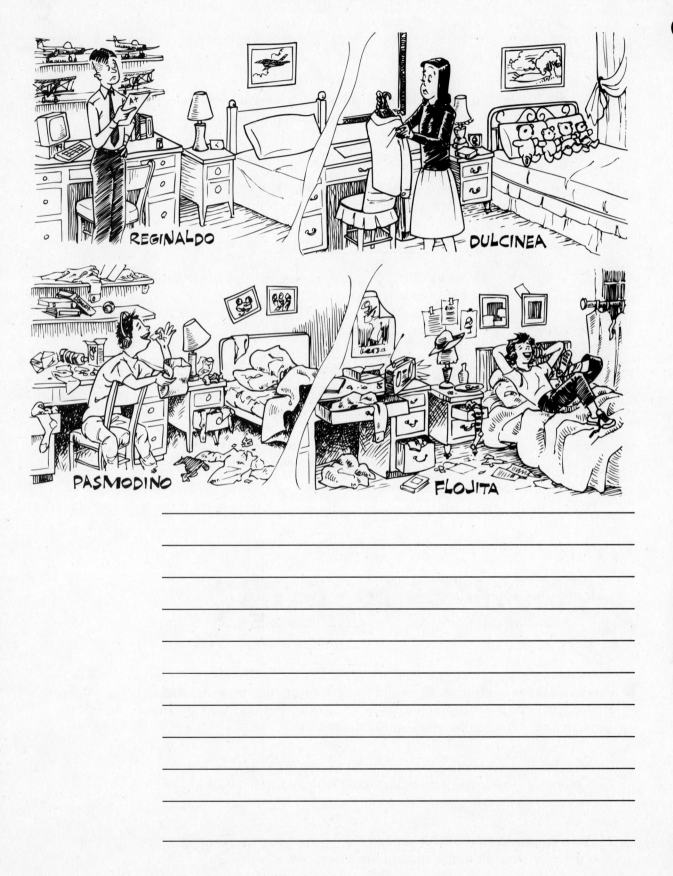

_____

_____

_____

_____

_____

_____

_____

_____

_____

_____

Nombre _____ | Fecha _____

**FIESTAS Y CELEBRACIONES**

## LECCIÓN 1 — VAMOS A UNA FIESTA

### ESCRÍBELO TÚ

**VOCABULARIO**

**ACTIVIDAD**  **Planes para un cumpleaños**

▶ ¿Qué haces para celebrar una fiesta de cumpleaños? Identifica las siguientes acciones.

*Identify the following activities related to birthdays.*

| | |
|---|---|
| abrazar | planear una fiesta |
| conocer a nuevos amigos | poner música |
| cumplir años | recibir regalos |
| decorar | soplar las velitas |
| escribir invitaciones | |

1. _____  2. _____  3. _____

4. _____  5. _____  6. _____

7. _____   8. _____   9. _____

Nombre _____                    Fecha _____

# PRACTICA UN POCO
## GRAMÁTICA

**SAYING *HIM*, *HER*, AND *THEM***
**Personal Direct Object Pronouns**

**Conexión gramatical**
Estudia las páginas 394–395
en **¿Por qué lo decimos así?**

| EJERCICIO 1 | **Después de las clases** |

▶ Varios amigos de la clase de español están en Super Joe's. ¿A quiénes
ves? Contesta las preguntas con los pronombres **lo**, **la**, **los** y **las**.

*Tell whom you
see, using lo, la,
los, las.*

MODELO:    ¿Ves a *Patricia*? → No, no *la* veo.

1. ¿Ves a Beatriz? _____

2. ¿Ves a Ernesto y Paco? _____

3. ¿Ves a Juana y Chela? _____

4. ¿Ves a José? _____

5. ¿Ves a la Srta. García y al Sr. Álvarez? _____

6. ¿Ves a Ana Alicia? _____

Copyright © McDougal, Littell & Company

**¿Ya no me quieres?**

Complete each dialogue with **me, te,** or **nos.**

▶ Completa cada diálogo con **me**, **te** o **nos.**

VÍCTOR:  Javier, ponte la chaqueta. ¡No _____[1] espero más!

JAVIER:  ¡Mamáááá! ¡Víctor no _____[2] espera!

LUIS:  Hola, Ángela. ¿_____[3] ayudas con el inglés?

ÁNGELA:  Claro, _____[4] ayudo con mucho gusto.

DOS JÓVENES:  ¡Nuestros padres no _____[5] comprenden!

LA CONSEJERA:  Tal vez no, pero siempre los quieren.

LA NOVIA:  ¿Por qué estás enojado? ¿Ya no _____[6] quieres?

EL NOVIO:  Sí, _____[7] quiero mucho, pero no _____[8] comprendo nada.

FELICIA Y SU HERMANA:  Papá, ¿_____[9] llevas al centro comercial, por favor?

PAPÁ:  Las llevo en media hora. ¿Está bien?

LOS ABUELOS:  ¿Cuándo vienes a la casa? No _____[10] visitas nunca.

EL NIETO:  Pero, ¡si los visito todos los domingos!

### EJERCICIO 3 — ¿Qué se hace en estas circunstancias?

▶ ¿Qué hace la gente en las siguientes circunstancias? Usa un pronombre (**me, te, nos**) con uno de los verbos indicados.

*Tell what each person does in these circumstances.*

MODELO: Soy tu amigo. Estoy enfermo y no puedo salir de la casa. ¿Qué haces? (llamar / visitar) → *Te llamo* por teléfono. (*Te visito.*)

1. Cuando visitas a tu abuela, ¿qué hace ella? (abrazar / besar)

   _____

2. Soy tu amiga y te hablo de mis problemas. ¿Qué haces?
   (comprender / escuchar)

   _____

3. Cuando ustedes no comprenden un ejercicio, ¿qué hace el profesor /
   la profesora? (ayudar / mirar)

   _____

4. Cuando tu amigo da una fiesta, ¿qué hace él? (invitar / olvidar)

   _____

5. Cuando llegas a casa con tus amigos/as, ¿qué hace tu mamá?
   (abrazar / saludar)

   _____

6. Si quieres hablar conmigo, pero no sabes dónde estoy, ¿qué haces?
   (buscar / esperar)

   _____

## DO YOU KNOW THEM?
## The Verb *conocer*

**Conexión gramatical**
Estudia la página 397 en
**¿Por qué lo decimos así?**

**EJERCICIO 4**　　　**Según tu experiencia:** ¿a quién conoces?

**Answer with a
form of conocer
and the name of
a person.**

▶ Contesta las preguntas con la forma correcta de **conocer** y el nombre de
una persona.

MODELO:　¿Conoces a una niña muy inteligente? →
　　　　　Sí, *conozco* a una. Es mi vecina Kelly.
　　　　　(No, *no conozco* a ninguna.)

1. ¿Conocen ustedes a un profesor que lleva corbatas chistosas?

　　_____

2. ¿Conoces a un(a) joven guapísimo/a pero no muy simpático/a?

　　_____

3. ¿Conoce tu madre a una persona que cumple años el 25 de diciembre?

　　_____

4. ¿Conoces a los miembros de un grupo musical?

　　_____

5. ¿Conocen tus abuelos a una persona que tiene 100 años?

　　_____

6. ¿Conoce tu profesor(a) de español a un actor hispano? ¿a una actriz
hispana?

　　_____

**Nombre** _____

**Fecha**

## LECCIÓN 2 · VAMOS A COMER

## ESCRÍBELO TÚ

### VOCABULARIO

**ACTIVIDAD 1**　　　**Cóctel de frutas**

▶ Aquí tienes un anuncio de un supermercado norteamericano. Escribe el nombre de cada fruta al lado del número.

*Write the name of each fruit.*

| | | |
|---|---|---|
| fresa | naranja | sandía |
| manzana | piña | toronja |
| melón | plátano | uva |

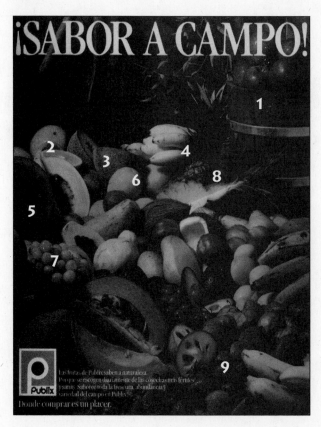

¡SABOR A CAMPO!

1. _____

2. _____

3. _____

4. _____

5. _____

6. _____

7. _____

8. _____

9. _____

## ACTIVIDAD 2          Categorías: las comidas

▶ Escribe cada comida debajo de la categoría apropiada.

| el bistec | los espárragos | el jugo | el té |
| el bróculi | las espinacas | la mantequilla | el tocino |
| el café | los guisantes | el queso | el yogur |
| el chocolate | el helado | el refresco | la zanahoria |
| la chuleta | el jamón | la salchicha | |

| VEGETAL | BEBIDA | CARNE | PRODUCTO LÁCTEO |
|---------|--------|-------|-----------------|
| _____ | _____ | _____ | _____ |
| _____ | _____ | _____ | _____ |
| _____ | _____ | _____ | _____ |
| _____ | _____ | _____ | _____ |
| _____ | _____ | _____ | _____ |

## ACTIVIDAD 3          Los sabores

▶ Describe el sabor de las siguientes comidas.

agrio     dulce     picante     salado

1. Son _____. salsa, chiles jalapeños, pollo a la *szechwan*

2. Son _____. vinagre, limones, toronjas

3. Son _____. un prétzel, tocino, cacahuetes

4. Son _____. sandías, chocolate, caramelos

**Nombre** _____  **Fecha** _____

# PRACTICA UN POCO
## GRAMÁTICA

**ORDERING AND SERVING FOOD**
**The Verbs *pedir* (*i*) and *servir* (*i*)**

**Conexión gramatical**
Estudia la página 410 en
**¿Por qué lo decimos así?**

**EJERCICIO 1**          **El restaurante loco**

*Tell what these people asked for and what they were served.*

▶ Imagínate que tú comes con las siguientes personas en el restaurante loco. Allí sólo les sirven a los clientes los platos que los clientes detestan. ¡Qué barbaridad! Completa las oraciones con la forma correcta de **pedir** y comidas apropiadas.

**MODELO:** mi tío →
Mi tío *pide hamburguesas* pero *le sirven granola*.

1. Yo _____ _____ pero me sirven

    _____ .

2. Mi mejor amigo/a _____ _____ pero le

    sirven _____ .

3. Mi hermano/a _____ _____ pero le sirven

    _____ .

4. Mi mamá/madrastra _____ _____ pero le

    sirven _____ .

5. Mis compañeros de clase _____ _____ pero

    les sirven _____ .

**Restaurantes recomendados de Madrid**

Look at the advertisements and answer the questions.

▶ Mira los anuncios que aparecen en esta guía de restaurantes en Madrid. Luego, contesta las preguntas.

1. ¿Cuáles son dos platos que sirven en La Paella Real?

_____

2. ¿En qué restaurante sirven buen pescado?

_____

3. Si no quieres comer carne, ¿adónde debes ir?

_____

4. ¿Qué vas a pedir en la Parrilla El Gaucho?

_____

5. ¿En qué restaurante puedes pedir espaguetis?

_____

6. Si tienes hambre a las dos de la mañana, ¿adónde puedes ir?

_____

**Nombre**                                                                                  **Fecha**

---

**EJERCICIO 3**                    **Según tu experiencia:** ¿qué comida sirven?

*Answer the questions with a form of servir.*

▶ Contesta las preguntas con la forma correcta de **servir**.

MODELO:   Cuando tu papá hace el desayuno, ¿qué sirve? →
          *Sirve* panqueques.

1. Cuando tú tienes que hacer el almuerzo, ¿qué sirves?

   _____

2. Cuando visitas a tus tíos favoritos, ¿qué sirven?

   _____

3. Cuando estás enfermo/a, ¿qué te sirve tu mamá/papá?

   _____

4. Cuando sus amigos vienen para mirar la televisión, ¿qué les sirve tu

   padre/padrastro? _____

5. Cuando hay un picnic para toda la familia, ¿qué sirven ustedes?

   _____

---

**I'M GOING TO DO IT**
**Direct Object Pronouns with Infinitives**

**Conexión gramatical**
Estudia la página 413 en
**¿Por qué lo decimos así?**

---

**EJERCICIO 4**                    **¿Qué les gusta hacer?**

*Answer each question with a logical activity.*

▶ Contesta cada pregunta lógicamente con uno de los verbos entre
paréntesis y el pronombre apropiado.

MODELO:   ¿Qué te gusta hacer con la camiseta nueva?
          (llevar / comer) → Me gusta *llevarla*.

¿Qué les gusta hacer? (comer / llevar / tocar)

1. a Bugs Bunny, con las zanahorias _____

2. a Ray Charles, con el piano _____

3. a ti, con los jeans viejos _____

¿Qué deben hacer? (cuidar / llamar / saludar)

4. tú, si quieres hablar conmigo _____

5. la joven con sus hermanos menores _____

6. un amigo cuando te pasa en la calle _____

¿Qué quieren hacer? (comprender / conocer / ver)

7. los padres con los hijos _____

8. tus abuelos con sus nietos _____

9. un chico que admira a una chica pero que no sabe su nombre

_____

### EJERCICIO 5    El plan

Complete the conversations with the appropriate pronouns.

▶ María Luisa Torres y Luis Fernández hablan de una fiesta que ella quiere dar para Ángela Robles. Completa la conversación con los pronombres **me**, **te**, **nos**, **lo**, **la**, **los** y **las**.

MARÍA LUISA:  Luis, ¿sabes que Ángela va a cumplir años el sábado?

Nosotros queremos sorprender_____[1] con una

fiesta. ¿_____[2] puedes ayudar?

LUIS:  ¡Claro! Me gustaría ayudar_____.[3] ¿Quiénes vienen?

MARÍA LUISA:  ¡Todo el mundo! Pero Leticia y Pancho_____[4]

van a ayudar. _____[5] voy a ver ahora para hablar del plan.

LUIS:  ¿Cuál es el plan?

MARÍA LUISA:  Pues, tú tienes que hacer algo con Ángela. Creo que

_____[6] debes invitar a tu casa. Luego, yo

_____[7] voy a llamar para decirte que olvidaste las llaves en mi casa.

LUIS:    ¡Y yo le digo a Ángela que tenemos que pasar por tu casa a

recoger _____ 8!

MARÍA LUISA:    ¡Exacto! Nosotros _____ 9 vamos a esperar. Cuando Uds. lleguen, vamos a salir gritando «¡Feliz cumpleaños!»

LUIS:    ¡Ja, ja! ¿A qué hora _____ 10 vas a llamar?

MARÍA LUISA:    Más o menos a las 8:30. Ya sabes el plan. ¿No

_____ 11 vas a olvidar?

LUIS:    ¡Qué va! Marilú, no soy tan tonto.

**Nombre** _____

### LECCIÓN 3 LOS DÍAS FERIADOS

## ESCRÍBELO TÚ

### VOCABULARIO

**ACTIVIDAD 1**    **¿Reconoces el día?**

▶ Escribe el nombre de los días feriados.

*Identify the holidays.*

el Día de Acción de Gracias
el Día de los Muertos
Jánuca

la Navidad
las Pascuas
la víspera de Año Nuevo

1. Es _____.

2. Son _____.

3. Es _____.

4. Es _____.

5. Es _____.

6. Es _____.

## ACTIVIDAD 2  Definiciones

Choose the correct definition.

▶ Escribe la palabra o frase delante de su definición.

| | |
|---|---|
| la campana | el disfraz |
| el corazón | los fuegos artificiales |
| el desfile | la medianoche |
| el día feriado | el nacimiento |
| el difunto | el pavo asado |

1. _____ un día en el que nadie trabaja ni va a la escuela

2. _____ una procesión larga, con música de bandas y carros decorados para celebrar un día feriado

3. _____ el evento que celebramos en un cumpleaños

4. _____ la ropa que llevamos el Día de las Brujas

5. _____ comida tradicional del Día de Acción de Gracias

6. _____ objetos que suben en el aire y hacen una explosión y luces de colores

7. _____ el objeto de metal que sirve para llamar a la gente a la iglesia

8. _____ las doce de la noche

9. _____ el muerto

10. _____ el símbolo del Día de los Enamorados que significa «amor»

## ACTIVIDAD 3  Expresiones para toda ocasión

What do you say for each occasion?

▶ ¿Qué debes decir en estas ocasiones?

| | |
|---|---|
| ¡Felicitaciones! | ¡Felices Pascuas! |
| ¡Feliz aniversario! | ¡Próspero Año Nuevo! |
| ¡Feliz cumpleaños! | Te quiero. |
| ¡Feliz Navidad! | |

1. Es el Día de la Madre y le das un bonito ramo de flores a tu mamá.

_____

2. Tu abuela te dice: «Hoy tu abuelo y yo cumplimos 45 años de casados.»

_____

3. Es el primer día de enero y encuentras a tu vecino en la calle.

_____

4. Un amigo dice: «Hoy cumplo 15 años.»

_____

5. Una amiga saca «A» en todas sus clases.

_____

6. Es una mañana de primavera y tu primita busca huevos de muchos colores por toda la casa.

_____

7. Es el 25 de diciembre y llamas a tus tíos.

_____

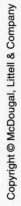

**TELL ME THE TRUTH**
**Indirect Object Pronouns**

**Conexión gramatical**
Estudia las páginas 425–426
en **¿Por qué lo decimos así?**

| EJERCICIO 1 | **¿Recuerdas estos cuentos?** |

*Tell what these characters do to or for others.*

▶ ¿Qué les hacen los siguientes personajes a otros? Completa las oraciones con **le** o **les** según el modelo.

dar un beso a la Bestia
dar una sorpresa a los tres osos
decir mentiras a su papá
limpiar la casa a sus hermanastras
llevar comida a su abuela
preparar la comida a los siete enanos

**MODELO:** Blanca Nieves → Blanca Nieves *les prepara* la comida a los siete enanos.

1. Caperucita Roja _____

2. La Cenicienta _____

3. La Bella _____

4. Pinocho _____

5. Ricitos de Oro _____

---

**EJERCICIO 2**          **Según tu experiencia:** ¿qué me dices?

▶ Contesta las preguntas con los pronombres **me**, **te** y **nos**. Puedes decir la verdad o inventar una respuesta.

*Answer the questions with real or made-up answers.*

MODELO:    Cuando ustedes no hacen la tarea y dan excusas, ¿los profesores les creen? → No, *no nos creen.*
(A veces *nos creen.*) (Sí, *nos creen.*)

1. ¿Te escribe alguien que vive en otro estado?

   _____

2. Cuando tú y tus amigos piden una pizza, ¿en cuántos minutos les sirven la comida?

   _____

3. Soy tu amigo/a. Si necesito dinero, ¿cuánto me prestas?

   _____

4. Cuando no vas a la clase de matemáticas, de español o de inglés, ¿quién te explica la lección?

   _____

5. Soy tu amigo/a. Cuando regresas de vacaciones, ¿qué me traes?

   _____

6. Si ustedes hablan inglés en la clase de español, ¿qué les dice el profesor/la profesora?

   _____

**El robot de tus sueños**

*Tell what the robot will do for your family.*

▶ Imagínate que tu familia compra un robot. ¿Qué va a hacer el robot para las siguientes personas? Usa las acciones de la lista o piensa en otras.

MODELO:   para tu abuela →
El robot va a *servirle* café.

buscar las cosas perdidas
comprar regalos
contestar el teléfono
dar dinero
explicar las lecciones
hacer las camas / las compras / la tarea
lavar el carro / los platos / la ropa / las ventanas
limpiar el baño / la cocina / el cuarto
llevar el desayuno a la cama
servir refrescos
traer la comida / el periódico

1. para ti _____

2. para tu mamá _____

3. para tu papá _____

4. para tus padres _____

5. para toda la familia _____

6. para _____
   (nombre)

## GIVING AND TELLING
### The Verbs *dar* and *decir*

**Conexión gramatical**
Estudia la página 429 en
**¿Por qué lo decimos así?**

**Problemas en la escuela**

*Complete the conversation using forms of decir.*

▶ Pancho Estrada le explica a su padre un problema que tiene en la escuela. Completa la conversación con **decir, digo, dices, dice, decimos** o **dicen.**

> **VOCABULARIO ÚTIL**
> él se ríe     *he laughs*

SR. ESTRADA: Pancho, ¿qué te pasa? ¿Por qué tienes esa cara tan triste?

PANCHO: Es que siempre pasa lo mismo en la escuela. Yo le

_____[1] un chiste a Luis. Luego, él me

_____[2] uno a mí. Entonces, Alejandro me

pregunta: ¿Qué _____,[3] Pancho? Así que le

_____[4] el chiste a Alejandro, pero él se ríe muy

fuerte. El profesor se enoja y quiere saber qué pasa.

Nosotros le _____[5] que es algo sobre la

lección, pero él nos _____[6] que tenemos que

quedarnos después de las clases. Entonces, Luis y

Alejandro me _____[7] que yo siempre les

causo problemas. ¿Qué les puedo _____[8]?

SR. ESTRADA: Es fácil, mi hijo, tienes que _____les[9] que de hoy en

adelante, ¡sólo les _____[10] chistes durante el recreo!

Copyright © McDougal, Littell & Company

## EJERCICIO 5    ¡Es un secreto!

► En Puerto Rico, Carolina Márquez y sus hermanitos Pedro y Paola
hablan de los regalos de Navidad. Completa la conversación con **dar,
doy, das, da, damos** o **dan**.

*Complete the conversation using forms of dar.*

PEDRO: Nosotros le _____[1] un bolígrafo a papá y papá le

_____[2] un reloj a mamá.

CAROLINA: Y, ¿saben ustedes qué me _____[3] mamá y papá a mí?

PAOLA: Sí, sabemos lo que ellos te _____[4] a ti, pero… ¡es un secreto!

CAROLINA: Bueno, si no me cuentan el secreto, yo no les

_____[5] nada a ustedes.

PEDRO: ¡¡Pero Caroliiina!! Si te contamos el secreto, no vas a recibir

ninguna sorpresa. ¿Es cierto que tú no nos _____$^6$

nada?

CAROLINA: No, no, es una broma. ¿También es un secreto lo que ustedes

me _____$^7$ a mí?

PAOLA: Por ser tan mala con nosotros, ¡vamos a _____te$^8$ una
máscara de bruja!

## WHERE DID YOU GO?
### Past Tense (Preterite) of the Verb *ir*

**Conexión gramatical**
Estudia la página 431 en
**¿Por qué lo decimos así?**

**EJERCICIO 6**      **¿Adónde fueron?**

---

**VOCABULARIO ÚTIL**

| | |
|---|---|
| Belén | *Bethlehem* |
| la Fuente de la Juventud | *Fountain of Youth* |
| redactar | *to write* |
| los Reyes Magos | *the Three Wise Men* |

---

Tell where these people went.

► Contesta estas preguntas con la forma correcta del pretérito del verbo **ir**
(**fui, fue, fuimos, fueron**) y un lugar. **Lugares históricos:** Belén, Filadelfia,
la Florida, México.

MODELO: ¿Adónde fuiste la última vez que fuiste a una fiesta? →
*Fui* a la casa de mi amiga Anita.

1. ¿Adónde fueron Benjamín Franklin y Tomás Jefferson para redactar la
Declaración de Independencia?

_____

2. ¿Adónde fueron tú y tus amigos/as para celebrar el Día de la
Independencia el año pasado?

_____

3. ¿Adónde fue Ponce de León para buscar la Fuente de la Juventud?

_____

**Nombre** _____ _____ **Fecha**

4. ¿Adónde fuiste la última vez para ver un desfile?

_____

5. ¿Adónde fueron los Reyes Magos para llevarle regalos al Niño Jesús?

_____

6. ¿Adónde fue Hernán Cortés para explorar el Nuevo Mundo?

_____

7. ¿Adónde fuiste para comprar tenis nuevos?

_____

8. ¿Adónde fuiste con tu familia o con tus amigos para celebrar el Año Nuevo?

_____

**EJERCICIO 7**     **Las vacaciones**

Complete the conversation with the preterite forms of **ir.**

▶ Humberto Figueroa y Eduardo Rivas conversan sobre las vacaciones de Semana Santa. Completa la conversación con el pretérito del verbo **ir: fui, fuiste, fue, fuimos, fueron.**

HUMBERTO:     ¿Adónde _____¹ (tú) para la Semana Santa?

EDUARDO:     _____² a la Isla de Culebra con mis

padres, pero sólo _____³ por tres días. Y ustedes,

¿_____⁴ a un lugar bonito?

HUMBERTO: Sí, _____⁵ a San Germán. Tenemos parientes en

ese pueblo. ¿Lo conoces? Allí yo _____⁶ al Lago
de Guánica con mis primos.

EDUARDO: ¡Qué chévere! Pues, en Culebra mis padres _____⁷

de paseo, pero yo _____⁸ a la playa para conocer
a otros chicos.

HUMBERTO: ¿Otros chicos? ¡Ja! ¡Más bien _____⁹ para conocer a las chicas!

EDUARDO: Y tú, ¡probablemente _____¹⁰ al lago con tus
binoculares para observar los pájaros!

HUMBERTO: ¡Ja, ja! ¿Y qué? Mi primo Gerardo _____¹¹ con
su manual de flores tropicales y mi primo Hector

_____¹² con su manual de árboles raros.

EDUARDO: ¡Qué familia!

## ¡TE INVITAMOS A LEER!

UNIDAD 7

### LA FIESTA DE SAN FERMÍN

Learn about a special celebration in Spain.

**PERO ANTES...** La Fiesta de San Fermín tiene lugar en Pamplona, una ciudad del norte de España. La fiesta es muy divertida pero también es peligrosa° para ciertas personas. ¿Por qué? ¡Lee y aprende!

*dangerous*

**¡BRAVO!**

**Nombre** _____    _____    **Fecha**

La Fiesta de San Fermín es una de las fiestas más populares de España. Esta fiesta se realiza° entre el 6 y el 14 de julio. Durante esos nueve días se interrumpe la rutina diaria de la ciudad. Vienen muchas personas de toda España y también de otros países para divertirse. Jóvenes o viejos, todo el mundo canta y baila por las calles durante toda la noche.  *se... takes place*

Todas las mañanas se permite que unos toros corran° por la calle de la Estafeta hasta la plaza de toros.° También corren muchas personas... ¡delante de los toros! El aspecto más famoso de la fiesta son esas personas que se divierten corriendo delante de los toros. Claro, para divertirse así hay que ser joven, fuerte y rápido, o... ¡muy irresponsable! Los espectadores miran el peligroso espectáculo desde las ventanas, balcones y techos° de las casas. Después, por la tarde, hay una corrida° en la plaza de toros de la ciudad. Ésta es la famosa plaza que Ernest Hemingway, el escritor° norteamericano, describe en su novela *The Sun Also Rises*. Naturalmente, después de la corrida, ¡continúa la fiesta!

*se... bulls are allowed to run*
*plaza... bullring*
*rooftops*
*bullfight*
*writer*

## ¿QUÉ IDEAS CAPTASTE?

▶ Completa las oraciones.

*Complete the sentences.*

delante de los toros     en su novela
desde las ventanas     para celebrar esta fiesta
después de la corrida     hasta la plaza de toros
en el mes de julio

1. La Fiesta de San Fermín tiene lugar _____.

2. La gente sale del trabajo _____.

3. Cada mañana los toros corren _____.

4. Muchas personas corren _____.

5. La gente más responsable mira a los jóvenes y los toros _____

_____.

6. Ernest Hemingway habla de esta plaza de toros _____

_____.

7. La fiesta continúa _____.

Copyright © McDougal, Littell & Company

## Y AHORA, ¿QUÉ DICES TÚ?

1. ¿Hay celebraciones en los Estados Unidos en que la gente canta y baila por las calles? ¿Cuáles son?

_____

2. ¿Hay eventos en los Estados Unidos en los que se usan toros? ¿Cuáles son?

_____

## ESCRIBE ALGO MÁS

**ACTIVIDAD 1**  ¿Una fiesta por un volcán?

**VOCABULARIO ÚTIL**

| | |
|---|---|
| nacimiento | *birth* |
| piedra | *stone* |
| salvarse | *to save oneself* |
| temblor | *tremor, quake* |
| tuvieron que… | *they had to . . .* |

*Complete the story with words from the list.*

► Ésta es la historia de un famoso volcán en México y de la fiesta con que se celebra todos los años el aniversario de su nacimiento. Completa la historia con las palabras de la lista.

| | | |
|---|---|---|
| bailes | feria | lluvia |
| divertida | historia | tierra |
| enero | hospitalidad | volcán |

FIESTA DEL PARICUTÍN*

En 1943, entre temblores de _____¹ y _____² de

piedras, nació el _____³ Paricutín. Para salvarse, los habi-

tantes de Parangaricutiro (el pueblito donde emergió el volcán) tuvieron

que buscar protección en un pueblo que se llama San Juan de las

**Nombre** _____  _____ **Fecha**

Colchas.† Para recordar la _____ ⁴ de la gente, el 8 de

_____ ⁵ se celebra una gran _____ ⁶ con exposi-

ciones sobre la _____ ⁷ del volcán, comidas especiales y una

_____ ⁸ competición de _____ ⁹ y trajes regionales.

\* ¿Sabías que… Paricutín nació en un campo de maíz?
† ¿Sabías que… **colchas** significa *bedspreads*?

**ACTIVIDAD 2**      **Crucigrama:** los días feriados y las fiestas

*Complete the crossword puzzle.*

▶ Completa el crucigrama.

1. En la víspera de Año Nuevo, a las doce de la noche, papá va a _____ a mamá.

2. Felicia le da un _____ de flores a su mamá el Día de la Madre.

3. En la fiesta de cumpleaños de María Luisa, los invitados van a _____ «¡Feliz cumpleaños!» cuando ella entre en la sala.

6. La persona que vive al lado de mi casa es mi _____.

7. Para celebrar el Día de los Muertos, venden _____ de azúcar en México.

8. Mi hermanito cree en _____ Noel.

10. El Día de los Muertos muchos mexicanos visitan el _____.

12. _____ es otra palabra para **desear**.

14. Las _____ generalmente son en marzo o abril.

HORIZONTALES

4. Las doce de la noche es _____.

5. María Luisa va a enviarles a todos sus amigos una _____ a su fiesta de quince años.

9. El Día de las Brujas voy a llevar una _____ grotesca.

10. En Buenos Aires a medianoche suenan las _____ de las iglesias para anunciar el Año Nuevo.

11. Una bebida típica en las fiestas.

12. La chica que cumple 15 años es la _____.

13. Una decoración que parece una serpiente.

15. El Día de San Patricio celebramos la fiesta de un santo _____ (de Irlanda) muy famoso.

16. En una fiesta, puedes _____ a nuevos amigos.

17. Ella no sabe que vamos a darle una fiesta. Va a ser una gran _____.

**Nombre** _____  **Fecha** _____

 **CON TUS PROPIAS PALABRAS**

## MI DÍA FERIADO FAVORITO

**Paso 1.** Primero piensa en todos los días feriados que celebras cada año. ¿Cuál es tu favorito? ¿Por qué?

**Paso 2.** Ahora, organiza tus ideas. Escribe las palabras e ideas que vas a usar en tu descripción en el siguiente esquema.

¿Cuándo es ese día? ¿Qué tiempo hace?

_____
_____
_____
_____

¿Con quiénes celebras ese día?

_____
_____
_____
_____

Mi día feriado favorito es

_____

¿Qué cosas especiales haces para celebrar el día?

_____
_____
_____

¿Por qué es tan especial para ti?

_____
_____
_____

Copyright © McDougal, Littell & Company

**Paso 3.** Por último, escribe tu composición.

_____

_____

_____

_____

_____

_____

_____

_____

_____

# NOVEDADES 3

▶ Para hacer estas actividades, consulta Novedades, la revista en las páginas 437–441 del libro.

## ACTIVIDAD 1          El Pícaro Paco

▶ Escoge uno de los verbos a la izquierda y una frase a la derecha y escribe oraciones que describen las actividades de Pitufo.

*Write sentences choosing from each column.*

1. Pelea / Juega
2. Compra / Come
3. Le roba / Le regala
4. Despierta a / Duerme con

a. los helados a Paco.
b. con otros perros.
c. Paco en la cama.
d. los tenis de Paco.

1. _____

2. _____

3. _____

4. _____

## ACTIVIDAD 2          Agenda musical

*To whom do these phrases refer?*

▶ **Pablo Ruiz** ¿A quién o a qué se refieren las siguientes frases?

MODELO:   *Pablo Ruiz*  un joven cantante argentino

1. _____   cantantes de ópera

2. _____   cantan en grupos de *rock*

3. _____   «Mi chica ideal»

4. _____   dedicados a los superjóvenes

5. _____   «Irresistible» e irresistible (2 cosas)

**Magneto** ¿A quién o a qué se refieren las siguientes frases?

1. _____ un grupo mexicano muy popular

2. _____ talentosos, simpáticos y guapos

3. _____ «Cuarenta grados»

4. _____ estudia cine

5. _____ estudia comunicación

6. _____ estudia música

**ACTIVIDAD 3**  **La onda del shopping**

*Indicate whether Latin American teens are likely to do these activities at a mall.*

► Indica cuáles de estas actividades hacen los chicos hispanoamericanos (**sí**) y cuáles probablemente no hacen (**no**) en los centros comerciales.

1. _____ Caminan y charlan con los amigos.

2. _____ Compran comida rápida.

3. _____ Compran leche, verduras y pan.

4. _____ Compran ropa, música y artículos para deportes.

5. _____ Conocen a otros chicos.

6. _____ Entran en las tiendas para escuchar los nuevos álbumes.

7. _____ Esperan encontrarse con el muchacho o la muchacha «especial» del momento.

8. _____ Esperan encontrarse con los profesores del colegio.

9. _____ Hacen la tarea juntos, en grupo.

10. _____ Llaman a sus abuelos y tíos por teléfono.

11. _____ Se ponen ropa nueva solamente para ver cómo se ven con ella.

12. _____ Se ríen mucho.

Nombre _____  _____ Fecha

MI CASA ES
TU CASA

## LECCIÓN 1 — LAS ACTIVIDADES EN CASA

## ESCRÍBELO TÚ

### VOCABULARIO

**ACTIVIDAD 1**     ¿Dónde están mis lentes?

▶ Toda la familia Cárdenas está buscando los lentes de Víctor. Completa las oraciones con las palabras de la lista.

*Complete the sentences with words from the list.*

| | | |
|---|---|---|
| baño | comedor | sala |
| cabeza | dormitorio | sótano |
| cocina | nariz | |

VÍCTOR:  ¿Dónde están mis lentes? No los veo en mi _____.¹

ABUELITA:  No están aquí en la _____.²

PADRE:  No los veo en el _____.³

JAVIER:  No están aquí en la _____.⁴

MADRE:  Tampoco están en el _____.⁵

ESTELA:  ¡Ay, Víctor, tienes los lentes en la _____⁶! ¡Qué barbaridad!

*Write the name of the place described.*

▶ Mira el plano de esta casa y completa las oraciones con el nombre del lugar.

**VOCABULARIO ÚTIL**
escalera    *stairs*

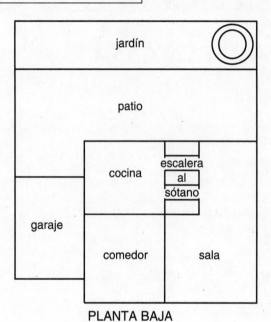

PLANTA BAJA          PRIMER PISO

1. El _____ está debajo de la casa.

2. El primer _____ está arriba de la planta baja.

3. El _____ está a la izquierda de la casa.

4. El _____ está detrás de la casa.

5. El _____ está detrás del patio.

*What chores does Esteban have to do? Complete the sentences.*

▶ Esteban le dice a Ana Alicia los quehaceres que tiene que hacer. Completa sus oraciones con los verbos de la lista.

cocinar          hacer          planchar
cortar           lavar          sacar

1. Todas las mañanas tengo que _____ mi cama.

**Nombre** _____  _____ **Fecha**

2. Después de la cena tengo que _____ los platos.

3. Los sábados tengo que _____ el césped y

   _____ el carro.

4. Los miércoles tengo que _____ la basura.

5. Los viernes tengo que _____ algo para la cena.

6. Pero _no_ tengo que _____ y _____ la ropa.
   ¡Qué suerte!

**ACTIVIDAD 4**   **De lo mejor a lo peor**

▶ Ordena las comidas de la lista según tu preferencia (la que te gusta más
primero) usando los números ordinales (del primer al décimo lugar).

Rank these foods
from first place
to tenth place
according to your
preferences.

| | | |
|---|---|---|
| cuarto | primer | séptimo |
| décimo | quinto | sexto |
| noveno | segundo | tercer |
| octavo | | |

MODELO:   ___(3) tercer___   lugar: bistec

A. _____ lugar: bistec

B. _____ lugar: ensalada de frutas

C. _____ lugar: espinacas con zanahorias

D. _____ lugar: helado de vainilla

E. _____ lugar: panqueques

F. _____ lugar: pastel de manzana

G. _____ lugar: pescado

H. _____ lugar: pizza

I. _____ lugar: salchichas

J. _____ lugar: yogur

# PRACTICA UN POCO
## GRAMÁTICA

### WHAT ARE YOU DOING?
### The Present Progressive

**Conexión gramatical**
Estudia las páginas 454–455
en **¿Por qué lo decimos así?**

**EJERCICIO 1**                    ¡Ya lo estoy haciendo!

*Complete the conversation according to the model.*

▶ La Sra. Fernández pasa el fin de semana en casa de una amiga. Llama por teléfono a Mercedes y le dice todas las cosas que la familia debe hacer. Pero Mercedes le dice que ya lo están haciendo todo. Completa la conversación según el modelo.

MODELO:     MAMÁ:     Merce, tú debes cocinar arroz con pollo para la cena. →

MERCEDES:     Ya lo estoy *cocinando*, mamá.

MAMÁ:     Tu papá debe lavar el carro.

MERCEDES:     Ya lo está _____.[1]

MAMÁ:     Juanito debe dormir una siesta.

MERCEDES:     Ya la está _____.[2]

MAMÁ:     Jorge tiene que escribir a los abuelos.

MERCEDES:     Ya les está _____.[3]

MAMÁ:     Luis no debe cortar el césped con los zapatos nuevos.

MERCEDES:     ¡Ay! No está _____[4] el césped con los zapatos nuevos. Mamá, debes divertirte más.

MAMÁ:     Pues, estoy _____me.[5] ¡Me encanta dar órdenes!

Copyright © McDougal, Littell & Company

230   *¡Bravo! 1B*                                                                 **UNIDAD 8**

**Nombre** _____ **Fecha** _____

## EJERCICIO 2   ¿Qué están haciendo?

▶ ¿Qué están haciendo estas personas en estos lugares? Completa las
oraciones según el modelo.

Tell what the
people are doing
in these places.

**MODELO:** Chela y Juana están en el cine. → *Están viendo* una película.

| cocinar | comprar | escuchar | leer |
|---|---|---|---|
| comer | correr | jugar | ver |

1. Víctor está en la zapatería. _____ _____ zapatos.

2. La Srta. García y el Sr. Álvarez están en un restaurante. _____

   _____ comida italiana.

3. Paco y Ernesto están en el centro de videojuegos. _____

   _____ con los videojuegos.

4. Beatriz está en la tienda de discos. _____ _____ música.

5. Esteban y Roberto están en la pista de la escuela. _____

   _____ para estar en forma.

6. Patricia está en la biblioteca. _____ _____ un libro
   sobre el arte de Picasso.

7. José Campos está en la cocina. _____ _____ arroz con
   pollo.

## EJERCICIO 3   Según tu experiencia: las actividades en
la casa y en la escuela

▶ ¿Qué están haciendo estas personas a las horas indicadas? ¿Dónde
están?

Tell what the
people are doing
and where they
are.

**MODELO:** A las 6:30 de la mañana:
Mi mamá → *está duchándose* en *el baño.*

1. A las 6:30 de la mañana:

   Mi hermano/a _____ _____ en _____.

   Yo _____ _____ en _____.

2. A las 11:30 de la mañana:

Mis compañeros _____ _____ en _____.

El profesor / La profesora _____ _____ en

_____.

3. A las 3:30 de la tarde:

Mi amigo/a _____ y yo _____ _____ en
             (nombre)

_____.

Los profesores _____ _____ en _____.

4. A las 10:00 de la noche:

Mi mamá / papá _____ _____ en _____.

Mi(s) hermano/a(s) _____ _____ en

_____.

Yo _____ _____ en _____.

LECCIÓN **2**

# ¿QUÉ HAY EN TU CASA?

## ESCRÍBELO TÚ

### VOCABULARIO

**ACTIVIDAD 1**    **Una casa en el mundo loco**

*Correct these sentences.*

▶ Corrige estas oraciones.

MODELO:  Te miras en *la máquina de escribir*. → No, me miro en *el espejo*.

1. Pones *alfombras* en las ventanas.

   _____

2. Guardas las camisetas en *el refrigerador*.

   _____

3. Lavas los platos en *la estufa*.

   _____

4. Duermes en *la cómoda*.

   _____

5. Guardas los libros en *el horno*.

   _____

6. Te sientas en *la lámpara* para leer.

   _____

7. Guardas los platos en *los sillones*.

   _____

8. Haces los pasteles y el pan en *la cama*.

   _____

## ACTIVIDAD 2 — Los materiales

**Tell what each item is made of.**

▶ Por lo general, ¿de qué material son las siguientes cosas? Completa las oraciones.

> **VOCABULARIO ÚTIL**
> dientes postizos    *dentures*

de madera          de plástico          de vidrio
de metal           de tela

1. Una cortina para la ducha es _____.

2. La estufa es _____.

3. Los muebles antiguos son _____.

4. La pantalla del televisor es _____.

5. Las cortinas para la sala son _____.

6. El teléfono es _____.

7. La ropa para la cama es _____.

8. Los zapatos de la Cenicienta son _____.

9. La mano del Capitán Hook es _____.

10. Los dientes postizos de Jorge Washington son _____.

## ACTIVIDAD 3 — La Cenicienta

**Make comparisons using adjectives from the list. The form of the adjective matches the first noun of the comparison.**

▶ Completa las comparaciones con la forma correcta de un adjetivo de la lista.

antiguo          duro
atractivo        incómodo
cómodo           rápido
desagradable     útil

1. El cuento de la Cenicienta es más _____ que la película *El Terminador*.

2. El padre de la Cenicienta es menos _____ que la madrastra.

**Nombre** _____   _____ **Fecha**

3. Su silla de madera es más _____ que los sillones.

4. Su cama es menos _____ que las camas de las hermanastras.

5. En la fiesta, la Cenicienta es más _____ que sus hermanastras.

6. A medianoche, cuando salen corriendo del palacio, ella es más

   _____ que el príncipe.

7. El zapato mágico es más _____ para las hermanastras que para la Cenicienta.

8. Los zapatos de vidrio son menos _____ que los zapatos de cuero.

# PRACTICA UN POCO

## GRAMÁTICA

**WHAT'S THE DIFFERENCE?**
**Comparisons with _más/menos que..._ ; _tan... como_**

**Conexión gramatical**
Estudia la página 468 en
**¿Por qué lo decimos así?**

| EJERCICIO 1 | ¡Pobrecito! |

*Complete the advice with **más** or **menos**.*

▶ Este pobre estudiante tiene muchos problemas. Completa los consejos con **más** o **menos**.

MODELO: —No puedo ver la pantalla de mi televisor. →
—Necesitas un televisor *más* grande.

1. —Mi amigo siempre está de mal humor; no le gusta nada.

   —Necesitas un amigo _____ desagradable.

2. —Estoy muy cansado. Mi cama es muy dura y no duermo bien.

   —Necesitas una cama _____ incómoda.

3. —Mi cuarto está muy desordenado; tengo demasiados libros.

   —Necesitas estantes _____ grandes.

4. —Gasto todo mi dinero en videojuegos.

   —Necesitas un pasatiempo _____ caro.

5. —No quiero caminar; mis zapatos son muy incómodos.

   —Necesitas zapatos _____ cómodos.

6. —¡Tú me ayudas mucho! Mis amigos no me dan buenos consejos.

   —¡Necesitas unos amigos _____ inteligentes!

| EJERCICIO 2 | En tu opinión |

*Compare the following.*

▶ Compara las siguientes cosas. Usa **más... que, menos... que** o **(no) tan... como** y algún adjetivo.

MODELO: alquilar un video / ir al cine → Alquilar un video es *más barato* (*menos caro, más divertido*) *que* ir al cine.

UNIDAD **8**

**Nombre** _____   _____ **Fecha**

1. los gatos / los perros _____

2. los Fords / los Chevys _____

3. las madres / los padres _____

4. el fútbol / el fútbol americano _____

5. los discos compactos / los cassettes _____

6. lavar el carro / cortar el césped _____

7. la ciudad / el campo _____

## POINTING THINGS OUT
### Demonstrative Adjectives: *ese*, *esa*, *esos*, *esas*

**Conexión gramatical**
Estudia la página 471 en
**¿Por qué lo decimos así?**

> **EJERCICIO 3**  **En el Rastro**

▶ Graciela Ramos y su amigo Armando están en el Rastro, un gran mercado de Madrid. Completa la conversación con **ese**, **esa**, **esos** o **esas**.

*Complete the conversation with* **ese, esa, esos, esas.**

ARMANDO:  Mira, Graciela, quiero ver _____¹ ropa vieja.

GRACIELA:  Ah, sí, _____² sombreros son interesantes.

ARMANDO:  No son tan interesantes como _____³ chaquetas de cuero.

GRACIELA:  Tal vez, pero mira _____⁴ sombrero negro. ¡Qué bonito!

ARMANDO:  _____⁵ chaqueta es más bonita y más práctica que el sombrero.

GRACIELA:  ¡Y más cara, también! Oye, voy a ver _____⁶ carteles. Necesito uno para mi cuarto.

ARMANDO:  Vas a ver que todos son feos.

GRACIELA: Es cierto, excepto… mira _____⁷ cartel a la izquierda. ¿No te gusta?

ARMANDO: ¿Con _____⁸ mujeres gordas y azules? ¡Qué horror!

GRACIELA: ¡Armando! _____⁹ cosas no son mujeres, ¡son guitarras!

_____¹⁰ cuadro es un Picasso. ¿No sabes nada de arte?

## EJERCICIO 4      Los hermanos rivales

**VOCABULARIO ÚTIL**
discutir     *to argue*

Use a form of **este** for things near the person who is speaking. Use a form of **ese** for things near the other person.

▶ Los hermanos Alejandro y Antonio Vargas están discutiendo. Completa la discusión con **este**, **esta**, **estos** o **estas** para las cosas que están cerca del *hermano que habla*. Usa **ese**, **esa**, **esos** o **esas** para las cosas que están cerca del *otro hermano*.

ALEJANDRO: ¡Ja, ja! _____¹ cama es más grande que

_____² cama.

ANTONIO: Pero _____³ cama que tienes no es tan cómoda

como _____⁴ cama. ¡Ja, ja!

ALEJANDRO: Pues, _____⁵ carro que está en tu cama no es tan

fuerte como _____⁶ robot que tengo.

ANTONIO: ¿_____⁷ carro? Es mucho más rápido que

_____⁸ robot. Además, _____⁹ tiras

cómicas son más divertidas que _____¹⁰ libros aburridos.

**Nombre** _____  **Fecha** _____

ALEJANDRO: _____[11] libros no son aburridos; y son menos

tontos que _____[12] tiras cómicas.

ANTONIO: Pues, _____[13] gato no es tan tonto como

_____[14] perra.

ALEJANDRO: ¡Qué va! _____[15] gato feo es mucho menos

inteligente que _____[16] perra.

PAPÁ: ¡Silencio!

**Nombre** _____  **Fecha** _____

# LAS ACTIVIDADES DE LA SEMANA PASADA

LECCIÓN 3

## ESCRÍBELO TÚ

### VOCABULARIO

**ACTIVIDAD 1**  **Julio nos habla**

▶ Mira el calendario y completa las oraciones para indicar cuándo Julio Bustamante hizo estas actividades.

*Look at the calendar and complete the sentences.*

**Cuándo:** anoche, anteayer, año pasado, ayer, fin de semana pasado, la semana pasada

| ABRIL | | | | | | |
|---|---|---|---|---|---|---|
| LUNES | MARTES | MIÉRCOLES | JUEVES | VIERNES | SÁBADO | DOMINGO |
| 1 | 2 mandar invitaciones | 3 médico: 4:45 | 4 | 5 tío Camilo | 6 | |
| 7 | 8 informe: historia | 9 | 10 | 11 comprar comida | 12 preparar comida ¡Fiesta! | 13 |

Hoy es domingo, 13 de abril. Hoy no tengo nada que hacer. ¡Por fin puedo descansar!

1. _____ celebré mi cumpleaños con una fiesta.

2. Mandé las invitaciones _____.

3. _____ por la tarde, fuimos a comprar la comida.

4. _____ por la mañana ayudé a prepararla.

5. Me gustó más la fiesta de este año que la del _____.

6. Pero mi actividad favorita es la del _____ — ¡lo pasé en la granja de mi tío Camilo!

*Complete the sentences.*

▶ Carolina pasó un fin de semana estupendo. Completa las oraciones con las palabras de la lista.

| | | |
|---|---|---|
| los árboles | el cielo | nada |
| el campo | estrellas | nunca |
| cansancio | la luna | siempre |
| el césped | | tanto |

El fin de semana pasado visité a Mariana que vive en

_____.[1] Detesto la ciudad. No hay _____[2] que

me gusta _____[3] como la tranquilidad del campo. Estoy

muy contenta cuando puedo escapar del tráfico, de las calles sucias y de

la gente que _____[4] anda corriendo de un lugar para otro.

¡Qué _____[5]!

   Por la noche, no te imaginas cuántas _____[6] puedo ver en

_____[7] cuando estoy en el campo. En San Juan no las veo

_____[8] a causa de todas las luces. Y creo que

_____[9] también es más brillante en el campo. Bueno,

después de la cena me acosté en _____[10] y miré el cielo.

Escuché el viento en _____[11] y ¡me olvidé por completo de

la ciudad!

*Answer the questions.*

▶ Lee la conversación entre el niño Calvin y su tigre Hobbes y contesta las preguntas.

**Nombre** _____     **Fecha** _____

1.  ¿Qué cosas determinan nuestros destinos, según Calvin?

    _____

2.  Y Hobbes, ¿cree eso también?

    _____

3.  ¿Es Calvin un niño travieso o responsable?

    _____

4.  Para Calvin, ¿cómo es la vida si él no tiene que ser responsable?

    _____

5.  Para ser responsables, es necesario pensar en (qué chistosas son / las
    consecuencias de) nuestras acciones.

    _____

**TELLING WHAT YOU DID (PART 1)**
**Past Tense (Preterite) of Regular -ar Verbs**

**Conexión gramatical**
Estudia las páginas 487–488
en **¿Por qué lo decimos así?**

**EJERCICIO 1**                    **¿Eres una persona lógica?**

*Complete each series of activities logically.*

▶ Completa cada serie de actividades con la forma correcta de la actividad que lógicamente va entre las otras dos.

| | |
|---|---|
| cantar en el coro | levantarte |
| cocinarla | limpiar el garaje |
| escuchar la música | mirar la tele por una hora |
| estudiar el vocabulario | |

MODELO:   Ayer Humberto compró la comida, *la cocinó* y se sentó a comer.

1. Antes del examen de inglés, Humberto sacó su libro,

   _____ y practicó la pronunciación.

2. El viernes, llegó al baile, _____ y bailó mucho.

3. El domingo, él fue a la iglesia, _____ y regresó a su casa.

4. El sábado pasado, tú cortaste el césped, _____ y descansaste.

5. Anoche terminaste la tarea, _____ y te acostaste.

6. Esta mañana te despertaste, _____ y te duchaste.

**EJERCICIO 2**                    **Unas vacaciones fantásticas**

*Use the verbs indicated to tell what each group did.*

▶ Imagínate que fuiste de vacaciones a una isla tropical con un grupo de adultos y jóvenes. En tu opinión, los adultos no se divirtieron nada, pero ustedes los jóvenes se divirtieron muchísimo. Usa los verbos para describir las actividades de los dos grupos.

MODELO:   (acostarse)→
             Los adultos *se acostaron* a las 11:00 todas las noches.
             Nosotros no *nos acostamos* hasta las 3:00 de la mañana .

**Nombre** _____ _____ **Fecha**

1. (bailar) Los adultos _____.

    Nosotros _____.

2. (alquilar) Los adultos _____.

    Nosotros _____.

3. (levantarse) Los adultos _____.

    Nosotros _____.

4. (jugar) Los adultos _____.

    Nosotros _____.

5. (descansar) Los adultos _____.

    Nosotros _____.

6. (mirar) Los adultos _____.

    Nosotros _____.

## HOW DO YOU SPELL IT?
### Spelling Changes in the Past: *-ar* Verbs

**Conexión gramatical**
Estudia las páginas 490–491
en **¿Por qué lo decimos así?**

**EJERCICIO 3**  ¿Eres como los famosos?

**Tell what you did.**

▶ Lee las cosas que posiblemente hicieron estas personas famosas la semana pasada. Luego usa el mismo verbo para decir qué hiciste tú.

MODELO:  La semana pasada, David Copperfield sacó un gato de un sombrero. Y tú, ¿qué sacaste? →
Yo *saqué* un bolígrafo de la mochila. (*No saqué* nada.)

1. José Canseco jugó al béisbol. Y tú, ¿a qué jugaste?

    _____

2. David Letterman almorzó en Nueva York. Y tú, ¿dónde almorzaste?

    _____

3. La golfista Nancy López buscó un par de tenis nuevos. Y tú, ¿qué buscaste?

_____

4. Stephen King empezó a escribir otra novela. Y tú, ¿qué empezaste?

_____

5. Linda Ronstadt pagó mucho dinero por una guitarra nueva. Y tú, ¿por qué cosa pagaste?

_____

6. Axl Rose tocó el piano. Y tú, ¿tocaste un instrumento musical?

_____

## EXPRESSING NEGATIVE IDEAS
### Negative and Affirmative Words

**Conexión gramatical**
Estudia la página 492 en
**¿Por qué lo decimos así?**

| EJERCICIO 4 | Marisa está de mal humor |
|---|---|

**Complete the conversation.**

▶ La mamá de Marisa está preocupada. No sabe qué le pasa a Marisa. Completa la conversación con las palabras de la lista.

| | | |
|---|---|---|
| algo | siempre | alguien |
| nada | nunca | nadie |

MADRE:   Hola, Marisa, ¿qué tal?

MARISA:   No muy bien. No hay _____[1] que hacer.

MADRE:   Haz la tarea. _____[2] tienes tarea que hacer.

MARISA:   No, ¡_____[3] hago la tarea antes de la cena!

MADRE:   Tal vez hay _____[4] interesante en la tele.

MARISA:   ¡Uff! No hay _____[5] en la tele.

MADRE:   Bueno… llama a _____[6] por teléfono.

MARISA:   ¿Para qué? _____[7] quiere hablar conmigo.

MADRE:   Pero, ¿qué pasa? ¿Tienes un problema con _____[8]?

MARISA:   No tengo problemas con _____.[9] Pero, no quiero

hablar con Diego, ¡_____10 más!

MADRE: ¡Ahh, ya entiendo! (*Suena el teléfono.*) Hola… sí, un momento.

Marisa, Diego tiene _____11 que decirte. ¿Quieres hablar con él?

MARISA: ¡Claro que sí! ¡_____12 quiero hablar con Diego!

MADRE: ¡Qué misterioso es el amor!

## EJERCICIO 5          **Según tu experiencia:** tu casa y tu familia

▶ Contesta estas preguntas con las palabras de la lista.

*Answer these questions.*

| | | |
|---|---|---|
| algo | alguien | siempre |
| nada | nadie | nunca |

MODELO: ¿Hay algo feo en la sala de tu casa? →
*Sí, hay algo feo. Es una lámpara.*
(*No, no hay nada feo.*)

1. ¿Hay algo antiguo en la sala de tu casa?

_____

2. ¿Hay alguien en tu familia que corta el césped?

_____

3. ¿Hay alguien que nunca hace la cama?

_____

4. ¿Siempre cenan juntos en tu familia?

_____

5. ¿Siempre reciclan los periódicos?

_____

6. ¿Hay algo desagradable en tu dormitorio?

_____

# ¡TE INVITAMOS A LEER!

## LA VIVIENDA HISPANA

**PERO ANTES...** ¿Sabes qué diferencias hay entre las casas en los Estados Unidos y las casas en España o Latinoamérica?

*Learn the differences between housing in the U.S. and the Hispanic world.*

¿Cómo te imaginas una casa típica en España o Latinoamérica? Las casas particulares,° especialmente en los lugares donde hace calor, tienen un patio en la parte central. Casi siempre, el patio es el lugar más encantador° de la casa. Por lo general, los patios tienen pisos de piedra° o baldosa° y una gran variedad de plantas y flores. Como los cuartos están ubicados° alrededor del patio, tienen una bonita vista.° Cuando no hace frío o llueve, el patio es el centro social del hogar.° Es el lugar ideal para comer, hablar, descansar, hacer fiestas y... ¡también para estudiar!

*private*

*charming*

*stone / tile*

*located*

*view*

*home*

Hoy en día, la mayoría de la gente en las ciudades hispanas vive en edificios de apartamentos. En Latinoamérica, hay muchos edificios modernos de diez, veinte o treinta pisos. En España, las ciudades son muy antiguas. Barcelona, por ejemplo, tiene más de 2.000 años. ¡Es del tiempo del Imperio Romano°! Por esa razón, los edificios de apartamentos de estas ciudades son más bajos. Pero ahora, en los alrededores de muchas ciudades españolas, también hay edificios modernos y altos.

*Imperio... Roman Empire*

**Nombre** _____  _____ **Fecha**

## ¿QUÉ IDEAS CAPTASTE? 〜〜〜〜〜〜〜〜〜〜〜〜〜〜〜〜

▶ Completa cada oración con la respuesta correcta según la lectura.

1. Las casas particulares en los países hispanos tienen ____.
   a. diez pisos o más
   b. un patio
   c. un garaje

2. Los cuartos de las casas particulares ____.
   a. tienen pisos de piedra
   b. están alrededor del patio
   c. están en el segundo piso

3. Los edificios de apartamentos son más altos en ____.
   a. Latinoamérica y los Estados Unidos
   b. Latinoamérica y España
   c. España y los Estados Unidos

4. ____ ciudades antiguas como Barcelona en los Estados Unidos.
   a. Hay muchas
   b. No hay
   c. Hay algunas

## Y AHORA, ¿QUÉ DICES TÚ? 〜〜〜〜〜〜〜〜〜〜〜〜〜〜〜

1. ¿De qué estilo son las casas donde tú vives? ¿Hay casas de estilo

   español? _____

2. En tu casa, ¿qué lugar es el centro social? ¿Por qué?

   _____

# ESCRIBE ALGO MÁS

**ACTIVIDAD 1**  ¡AAAAAAA!

*Write the words defined. The gray spaces all contain an A.*

▶ Lee cada definición y escribe la palabra en los espacios al lado. Todos los espacios grises contienen la letra A.

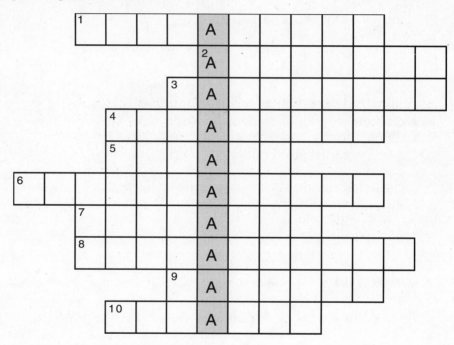

1. Trabajos que hacemos en la casa.

2. Algo que se pone sobre el piso.

3. Muebles para guardar los platos y vasos.

4. Un arácnido grande con ocho piernas.

5. Entre séptimo y noveno.

6. Nada simpático.

7. Dos días antes de hoy.

8. Un edificio muy, muy alto.

9. Un grupo de instrumentos de percusión.

10. Poner el papel, el vidrio y el plástico en diferentes recipientes.

**Nombre** _____   **Fecha** _____

| **ACTIVIDAD 2** | ¡Qué ruido! |

► Mira los dibujos de este libro para niños hispanos. ¿Qué está haciendo
cada animal? Completa las oraciones según el modelo.

What is each
animal doing?

el tigre ruge

el caballo relincha

el borrego bala

el búfalo resopla

la rana croa

el camello grita

MODELO:  El caballo está ____. →
El caballo está *relinchando*.

1. El borrego está _____.

2. El camello está _____.

3. El búfalo está _____.

4. El tigre está _____.

5. La rana está _____.

Read the article and answer the questions.

▶ Lee este artículo de un periódico de Nuevo México y contesta las preguntas.

**VOCABULARIO ÚTIL**
| | |
|---|---|
| promover (ue) | *to promote* |
| empresa | *business* |
| recoger | *to gather* |

### Organizan el maratón de limpieza

La organización "Keep Albuquerque Beautiful" busca la participación de 53.000 residentes para el Maratón de Limpieza.

El programa, que se celebra en Albuquerque desde 1988, es el programa más grande de todo el país para limpiar ciudades. Los voluntarios de Albuquerque van a formar parte de más de 800.000 voluntarios en toda la nación.

El programa promueve el reciclaje de materiales salvables y la colecta de ropa usada. Este año, del 3 al 24 de abril, asociaciones de vecinos, grupos cívicos, colegios y empresas van a ayudar a limpiar.

Además de recoger plástico, latas de aluminio y papel para ser reciclados, y donar ropa usada al Salvation Army, los voluntarios locales van a limpiar una zona abandonada de una comunidad y transformarla en un lugar habitable para sus residentes.

1. ¿A cuántos voluntarios buscan en esta ciudad? _____

   ¿A cuántos buscan en todo el país? _____

2. ¿Qué grupos de personas se hacen voluntarios para esta campaña de

   reciclaje? _____

3. ¿Qué materiales recogen para reciclar? _____

   _____

### Y AHORA, ¿QUÉ DICES TÚ? 〜〜〜〜〜〜〜〜〜〜〜〜

1. ¿Hay programas de limpieza y reciclaje donde tú vives?

   _____

2. ¿Participaste tú con tu familia o tus amigos alguna vez en un programa de limpieza o reciclaje? ¿Qué lugar limpiaron?

   _____

   _____

**Nombre** _____ **Fecha**

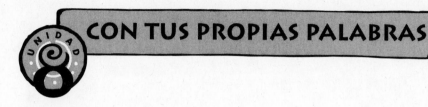

UNIDAD 8 · **CON TUS PROPIAS PALABRAS**

---

**VOCABULARIO ÚTIL**
para que sea justo    _for it to be fair_

---

▶ **¿Quién hace los quehaceres en tu casa?** Unos padres creen que los hijos deben trabajar mucho en la casa. Otros padres creen que estudiar es más importante que trabajar. Unos hijos dicen que no es justo si tienen que trabajar porque los jóvenes deben divertirse. ¿Qué crees tú? ¿Crees que todos deben compartir el trabajo? Escribe sobre este tema, contestando las siguientes preguntas.

1. ¿Quiénes viven en tu casa?

2. ¿Quiénes hacen los quehaceres?

3. En tu opinión, ¿es eso justo?

4. ¿Qué hay que hacer para que sea justo para todos?

_____

_____

_____

_____

_____

_____

_____

# EXPERIENCIAS Y RECUERDOS

## LECCIÓN 1 OCASIONES ESPECIALES

### ESCRÍBELO TÚ
#### VOCABULARIO

**ACTIVIDAD 1**     ¡Ay, qué mala suerte!

▶ Un fin de semana Julio Bustamante decidió ir a acampar en un parque nacional. Mira los dibujos y completa las oraciones con el verbo apropiado.

*Complete the sentences with verbs from the list.*

**VOCABULARIO ÚTIL**
| | |
|---|---|
| fuego | *fire* |
| abrelatas | *can opener* |

| | | | | |
|---|---|---|---|---|
| acampó | comió | escribió | rompió | sufrió |
| almorzó | encendió | leyó | salió | vio |

1. _____ de su casa muy temprano y caminó mucho.

2. _____ muchos animales interesantes.

3. A mediodía, _____ y _____ un libro de historia natural.

4. Por la tarde, _____ cerca de un río.

5. _____ un pequeño fuego. ¡Qué hambre!

6. ¡Ay! ¡_____ su abrelatas!

7. _____ solamente dos tortillas y un plátano.

8. _____ un hambre feroz.

9. Luego, le _____ una carta a Roberto sobre su aventura.

Write the appropriate word.

## ACTIVIDAD 2     Asociaciones

▶ Escribe la palabra que completa la serie o que identifica las cosas de la serie.

| | | | |
|---|---|---|---|
| aplausos | luces | participación | universidades |
| campeonatos | palomitas | trofeos | vacaciones |

1. las papas fritas, los cacahuetes, las _____

2. (en un partido de fútbol) los gritos, las silbas, los _____

3. el sol, una lámpara, los fuegos artificiales: _____

4. Notre Dame, UCLA, Harvard: _____

5. la Copa Stanley, el Óscar, el Heisman: _____

6. las de primavera, las de Navidad, las de verano: _____

7. la Serie Mundial, el Wimbledon, la Copa Mundial: _____

8. actuar en una obra de teatro, jugar en un partido de béisbol, ayudar a limpiar el parque: _____

# PRACTICA UN POCO
### GRAMÁTICA

**TELLING WHAT YOU DID (PART 2)**
**Past Tense (Preterite) of -*er* and -*ir* Verbs**

**Conexión gramatical**
Estudia las páginas 510–511
en **¿Por qué lo decimos así?**

**EJERCICIO 1**   **Según tu propia experiencia:** la semana pasada

▶ Contesta estas preguntas sobre la semana pasada.

*Answer these questions.*

MODELO:   La semana pasada, ¿*comiste* pizza? →
              Sí, *comí* tres pizzas. (No, no *comí* pizza.)

La semana pasada,…

1. ¿cumpliste años? ¿cuántos? _____

2. ¿aprendiste algo muy interesante? ¿qué? _____

3. ¿a quién conociste? _____

4. ¿cuántas veces abriste el refrigerador? _____

Tú y tus amigos/as…

5. ¿vendieron algo para ganar dinero? _____

6. ¿cuánto dinero recibieron? _____

7. ¿a cuántas películas asistieron? _____

8. ¿Cuál fue la mejor película que vieron? _____

Un amigo o una amiga…

9. ¿te dio una fiesta? _____

10. ¿manejó un carro chévere? ¿de qué tipo? _____

▶ Lee esta noticia sobre un joven de Nuevo México. Luego, completa las oraciones con la forma correcta del pretérito del verbo apropiado.

**BREVES DE LA COMUNIDAD**

### Graduado de la Fuerza Aérea

El soldado Orlando P. López se graduó del entrenamiento básico de la Fuerza Aérea Lackland Air Force Base, en San Antonio, Texas.

Durante las seis semanas de entrenamiento el soldado estudió la misión, organización y costumbres de la Fuerza Aérea y recibió un entrenamiento especial en relaciones humanas.

Además, todos los soldados que completan el entrenamiento básico reciben crédito para el grado asociado por el Colegio de Comunidad de la Fuerza Aérea.

Orlando López es hijo de José B. y Albina P. López de Doña Ana. López es graduado de Mayfield High School en Las Cruces, Nuevo México.

| aprender | escribir | recibir |
|----------|----------|---------|
| dar | graduarse | vivir |

1. El artículo dice que Orlando López _____ del entrenamiento básico de la Fuerza Aérea.

2. Durante su entrenamiento, Orlando _____ en San Antonio, Texas.

3. Probablemente, sus padres le _____ muchas cartas.

4. Durante seis semanas, estudió y _____ sobre la misión, la organización y las costumbres de la Fuerza Aérea.

5. La Fuerza Aérea también le _____ entrenamiento en relaciones humanas.

6. Orlando y sus compañeros _____ crédito en el Colegio de Comunidad de la Fuerza Aérea.

¡BRAVO!

## HOW DO YOU SPELL IT? (PART 2)
### Orthographic Changes in the Preterite of *-er* Verbs

**Conexión gramatical**
Estudia la página 513 en
**¿Por qué lo decimos así?**

**EJERCICIO 3**          **Chistes de Navidad**

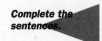
Complete the sentences.

▶ Un estudiante de la clase de español escribe sobre lo que pasó una
Navidad. Completa las oraciones con la forma apropiada de **leer** o **creer**:
**-í, -íste, -yó, -ímos, -yeron.**

| VOCABULARIO ÚTIL | |
|---|---|
| duende | *elf* |
| era | *was* |
| iba a | *was going to* |

En la Nochebuena, mi mamá nos _____1 el poema «La

víspera de la Navidad». Cuando por fin me acosté yo

_____2 que nunca iba a dormirme. Entonces mis padres

_____3 las instrucciones para mi nueva bicicleta. Dejaron

todo listo para el otro día. Durante la noche, mi hermanito salió  y

cambió todos los nombres en los regalos. En la mañana mi hermana

_____4 su nombre en un regalo. Cuando lo abrió, ella

encontró un helicóptero y _____5 que Papá Noel era muy

tonto. «Pero, hija, ¿no _____6 el nombre?», le preguntó mi

papá. «Sí, papá, mira mi nombre», contestó ella. Luego, todos recibimos

regalos muy raros. Mis hermanos y yo _____7 que Papá

Noel confundió todos los regalos. Y mis padres _____8 que

los duendes cambiaron los nombres.

*LECCIÓN 1*

**Nombre** _____

 **DE VIAJE**

## ESCRÍBELO TÚ

### VOCABULARIO

**ACTIVIDAD 1**   **El plano de Xuniche**

▶ Aquí tienes un plano de Xuniche, un pueblo imaginario de México.
Completa el plano con los lugares de la lista.

*Fill in the map.*

| | |
|---|---|
| arqueológica | palacio |
| bahía | pirámides |
| catedral | toros |
| mercado | zócalo |

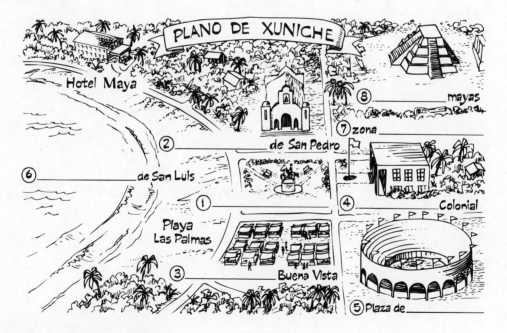

**ACTIVIDAD 2**   **Definiciones**

▶ Completa el rompecabezas con las palabras de la lista. Después de
terminar, lee la palabra secreta.

*Complete the puzzle and find the secret word.*

*LECCIÓN 2*

**VOCABULARIO ÚTIL**
la pintura   *painting*

bellas artes
corrida
emocionada
folklórica
folleto
hermoso
juegos
mural
sombrilla

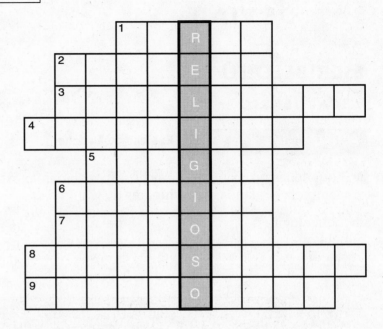

1. Una pintura muy grande en la pared.

2. Una página que da información sobre un museo o un lugar arqueológico.

3. La música tradicional de un país es música _____.

4. Algo que se usa en la playa para protegerse del sol.

5. Atracciones que hay en un parque de diversiones.

6. El espectáculo que puedes ver en la plaza de toros.

7. Muy bonito.

8. La música clásica, la pintura y la escultura son _____.

9. Cuando una persona siente emociones fuertes, está _____.

La palabra secreta es _____.

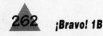

Nombre _____

Fecha

# PRACTICA UN POCO
## GRAMÁTICA

**WHAT DID YOU DO?**
**The Past Tense (Preterite) of the Verb *hacer***

**Conexión gramatical**
Estudia la página 526 en
**¿Por qué lo decimos así?**

**EJERCICIO 1**    **Una excursión a Xochimilco**

▶ En Xochimilco, cerca de la Ciudad de México, hay un gran lago con canales entre jardines flotantes. Ir allí a pasear en barco es un pasatiempo favorito de la gente de la ciudad. Completa esta conversación telefónica con la forma correcta de **hacer: hice, hiciste, hizo, hicimos, hicieron.**

*Complete the telephone conversation.*

LETICIA:  Hola, Luis. Adivina qué _____¹ yo ayer.

LUIS:  ¿_____² algo interesante?

LETICIA:  Sí, a ver… ¿qué crees que _____³?

**LECCIÓN 2**

| | |
|---|---|
| LUIS: | No tengo idea. ¿Lo _____ ⁴ sola o con tu familia? |
| LETICIA: | Es algo que _____ ⁵ Ángela, María Luisa y yo. |
| LUIS: | Hummm… ¿_____ ⁶ ustedes ejercicio en el club? |
| LETICIA: | ¡Huy! Eso no es interesante, Luis. Bueno, _____ ⁷ una excursión a Xochimilco. |
| LUIS: | ¡Qué bien! Pues, ya sé qué _____ ⁸ ustedes allí. Pasearon en un barco, compraron flores,… |
| LETICIA: | Sí, pero primero Marilú _____ ⁹ cola por media hora, esperando un barco libre. |
| LUIS: | Y tú y Ángela, ¿no _____ ¹⁰ cola también? |
| LETICIA: | No, yo fui con Ángela. Ella le _____ ¹¹ muchas preguntas a una señora sobre la historia de los jardines. ¿Sabías tú que esos jardines tienen casi 2.000 años? |
| LUIS: | ¿De veras? Eso sí es interesante. Voy a hacer una cita con ustedes para aprender más sobre ese lugar. |

## DID YOU HAVE A GOOD TIME?
## Stem-Changing -ir Verbs in the Past Tense (Preterite)

**Conexión gramatical**
Estudia las páginas 528–529
en ¿Por qué lo decimos así?

**EJERCICIO 2**　　　　　　　　**El Mago de Oz**

▶ De niño, ¿leíste el libro o viste la película *El Mago de Oz*? Escribe la forma apropiada del pretérito del verbo y escoge la palabra o frase correcta para cada oración.

*Write the preterite form of the verb and complete each sentence.*

| VOCABULARIO ÚTIL | |
|---|---|
| cerebro | *brain* |
| valor | *courage* |

1. Dorotea y Toto _____ (a los Munchkins / a la bruja buena /
    　　　　　　　　　(seguir)

    el camino amarillo) para llegar a la Ciudad Esmeralda.

2. Cuando el León saltó detrás de Toto, Dorotea _____
    　　　　　　　　　　　　　　　　　　　　　　(sentirse)

    (curiosa / enojada / emocionada).

3. En el viaje a la Ciudad Esmeralda, los amigos _____
   (divertirse)
   (corriendo carreras / cantando y bailando / contando chistes).

4. Dorotea, Toto y el León se _____ (en el campo de flores /
   (dormir)
   en el bosque / en el palacio de Oz).

5. Cuando hablaron con el Mago de Oz, el León le _____ (un
   (pedir)
   cerebro / un corazón / valor).

6. El personaje que _____ en el cuento fue (Toto / el Mago
   (morir)
   de Oz / la bruja mala).

7. Dorotea _____ (quedarse en Oz / regresar a casa).
   (preferir)

8. Los zapatos rojos de Dorotea _____ para (llevarla a
   (servir)
   Kansas / darle una patada a la bruja / correr muy rápido).

**Nombre** _____  **Fecha**

# LECCIÓN 3  RECUERDOS DE ESTE AÑO

## ESCRÍBELO TÚ

### VOCABULARIO

**ACTIVIDAD**     **Recuerdos de un artista**

Complete the article.

▶ Completa este retrato de un artista cubanoamericano con las palabras de la lista.

| | | | |
|---|---|---|---|
| explicó | el futuro | pensó | la vida |
| fue | nació | (el) pintor | |

> **VOCABULARIO ÚTIL**
> reflejan    *they reflect*

El joven _____,¹

Jorge García-Meitín Zamorano,

_____² en La
Habana, Cuba, pero luego fue
con su familia a San Juan,
Puerto Rico. Allí empezó a estudiar pintura, a la edad de diez años.

Por muchos años su estilo _____³ realista. En 1990 cambió

su estilo de pintar porque _____⁴ explorar las abstracciones
de la imaginación.

   Jorge salió de Cuba muy joven, pero nunca se olvidó de esa isla

tropical: «Las pinturas reflejan mis recuerdos de _____⁵ y

los colores de las islas donde viví», _____⁶ durante una

exhibición reciente de sus obras en Washington, D.C., donde vive ahora.

En _____,⁷ le gustaría volver a Cuba. Dice Jorge: «El sueño

nunca muere.»

# PRACTICA UN POCO

## GRAMÁTICA

**WHAT DID YOU LEARN?**
**Past Tense (Preterite) of Regular Verbs (Review)**

**Conexión gramatical**
Estudia las páginas 542–544
en **¿Por qué lo decimos así?**

### EJERCICIO 1      Récords personales

*Answer these questions.*

▶ Contesta estas preguntas con información personal. Si no recuerdas algo, inventa una respuesta.

MODELO:    ¿Cuál fue la carta más larga que escribiste? →
        *Una vez escribí una carta de 17 páginas.*

En toda tu vida, ¿cuál fue...

1. la llamada más larga que hiciste por teléfono?

    _____

2. la distancia más grande que corriste?

    _____

3. el libro más difícil que leíste?

    _____

4. el precio más alto que pagaste por un par de tenis?

    _____

5. la persona más divertida que conociste?

    _____

6. la película más estúpida que viste?

    _____

7. la persona más vieja que abrazaste?

    _____

8. el lapso de tiempo más largo que dormiste?

    _____

**Nombre** _____  **Fecha**

**EJERCICIO 2**   **La imaginación frente a la realidad**

Read the comic strip and answer the questions.

▶ Cuando Mafalda y Felipe hablaron de las vacaciones, Felipe le contó unas cosas fantásticas a Mafalda. Lee la tira cómica y contesta las preguntas.

**Palabras útiles:**

**Sustantivos:** agua, caballo, montaña, mula, piscina

**Adjetivos:** alto, blanco, grande, viejo

**Verbos:** caminar, correr, montar, saltar, subir

**Adverbios:** despacio, rápido

1. ¿Cuáles son las tres cosas que hizo Felipe en su imaginación?

   a. _____

   b. _____

   c. _____

2. ¿Qué hizo el caballo, según Felipe?

   _____

3. ¿Qué hizo Felipe en realidad?

   _____

4. Y la mula, ¿qué hizo?

   _____

**Ask a couple married for over ten years these questions.**

## EJERCICIO 3      ¿Qué tal es tu memoria, abuela?

▶ Pregúntale a tus padres, tus abuelos o a otra pareja casada por más de diez años sobre sus primeros meses de novios o de casados.

---

**VOCABULARIO ÚTIL**

conocerse     *to meet each other*

---

MODELO:    ¿Dónde se conocieron? →
                 *Se conocieron en un viaje en autobús.*

1. ¿Dónde se conocieron?

_____

2. ¿Adónde fueron en su primera cita?

_____

3. La primera vez que fueron al cine, ¿qué película vieron?

_____

4. ¿Qué tipo de carro manejaron?

_____

5. La primera vez que comieron en un restaurante, ¿qué pidieron?

_____

## EJERCICIO 4      Momentos con los amigos

**Answer these questions.**

▶ Contesta estas preguntas sobre actividades que hiciste con tus amigos/as.

MODELO:    El año pasado, ¿acamparon Uds. en algún lugar? →
                 *Sí, acampamos cerca del lago Buena Vista.*
                 (*No, no acampamos en ningún lugar.*)

El año pasado,…

1. ¿cómo se divirtieron? (Menciona dos actividades.)

_____

2. ¿a qué lugar fueron más?

_____

3. ¿hicieron algún viaje? ¿Adónde?

_____

4. ¿leyeron algún libro interesante?

_____

5. ¿cuántas veces miraron «La noche del sábado en vivo» en la tele?

_____

## ¡TE INVITAMOS A LEER!

### LOS PLANES DEL VERANO

**PERO ANTES...** ¿Qué haces durante las vacaciones? ¿Viajas? ¿Lees? ¿Practicas algún deporte? ¿Trabajas? En los Estados Unidos, muchos jóvenes trabajan en el verano. En los países hispanos no hay tantas oportunidades de trabajar para los estudiantes, pero nuestros amigos ya tienen planes.

*Learn about what job opportunities exist for Hispanic young people.*

Hacer planes para las vacaciones es siempre muy divertido, ¿verdad? Vamos a ver qué piensan hacer algunos de nuestros amigos.

Felipe Iglesias dice: «¿Mis planes para las vacaciones? Pues, voy a trabajar en el norte de España por un mes en la cosecha de las uvas° en la región de La Rioja.° Un amigo fue el año pasado y se divirtió mucho. Después de trabajar, voy a hacer un viaje en bicicleta por las montañas del País Vasco.°»

*cosecha... grape harvest*
*La... a grape-growing region of northern Spain*
*País... Basque provinces*

Marisa Bolini piensa trabajar en la tienda de su tía durante el verano. Tú recuerdas que en la Argentina el verano es en diciembre, enero y febrero, ¿verdad? Dice Marisa: «En la Argentina, la gente da muchos regalos el Día de los Reyes Magos. Naturalmente, en esos días hay mucho trabajo en la tienda. Quiero ganar dinero para comprar algo un poco caro. Es un secreto, pero mi tía ya sabe que el "secreto" tiene dos ruedas y un pequeño motor.» ...¿Será una motocicleta?

Luis Fernández dice: «¡¿Trabajar?! ¡Noooo! En mi país es muy difícil encontrar trabajo. Además, ¡soy joven! Sólo voy a trabajar después de terminar mis estudios. En las vacaciones voy a pasar un mes con mi familia en Veracruz. Es una ciudad muy bonita en el Golfo de México y es muy divertida; los jarochos° son muy alegres y siempre hay música de marimbas y guitarras en las calles.»

*habitantes de Veracruz*

Alicia Vargas quiere trabajar, pero los padres se oponen a° la idea porque es muy joven. Ella va a pasar tres semanas en la isla de Mallorca, en el Mar Mediterráneo. Dice ella: «El año que viene sí voy a trabajar en las vacaciones. Quiero ir a la Costa del Sol° y trabajar en una tienda. Es muy interesante y divertido porque vienen chicos y chicas de toda Europa. Es fantástico para conocer gente de muchas nacionalidades.

*se... are opposed to*

*Costa... Mediterranean coast, southern Spain*

## ¿QUÉ IDEAS CAPTASTE? ∿∿∿∿∿∿∿∿∿∿∿∿∿∿∿∿∿∿∿∿∿∿

¿Cómo contestan estas preguntas los jóvenes indicados?

1. ¿Adónde piensas ir para las vacaciones?

   a. Alicia: _____

   b. Felipe: _____

   c. Luis: _____

2. ¿Vas a trabajar durante tus vacaciones?

   a. Alicia: _____

   b. Felipe: _____

   c. Luis: _____

**Nombre** _____   _____ **Fecha**

d. Marisa: _____

3. Si no, ¿cuándo vas a trabajar?

a. Alicia: _____

b. Luis: _____

4. ¿Qué trabajo vas a hacer?

a. Alicia: _____

b. Felipe: _____

c. Marisa: _____

5. ¿Qué cosas o pasatiempos te interesan?

a. Alicia: _____

b. Felipe: _____

c. Luis: _____

d. Marisa: _____

### Y AHORA, ¿QUÉ DICES TÚ? 〰〰〰〰〰〰〰〰〰〰〰

1. ¿Cuáles son unos trabajos típicos para jóvenes donde tú vives?

_____

2. ¿Qué planes tienes para este verano? ¿Qué vas a hacer?

_____

## ESCRIBE ALGO MÁS

**ACTIVIDAD**  **Hispanos famosos:** ¿Quién lo hizo?

▶ ¿Qué sabes de estas personas? Completa las oraciones con el pretérito de los verbos y las frases de la lista.

*Complete the sentences with the preterite of each verb and a phrase from the list.*

**VOCABULARIO ÚTIL**
luchar    *to fight*

la primera astronauta hispana
al Océano Pacífico
la espalda en un accidente
desde Veracruz hasta Tenochtitlán
sus joyas para ayudar a Colón
la Florida
la película *American Me*
ayuda a los reyes de España para su viaje
en la Revolución mexicana
el libro *Don Quijote*

MODELO:   Ponce de León (explorar) → Ponce de León *exploró la Florida.*

1. Cristóbal Colón les _____ _____
(pedir)

_____.

2. La reina Isabel de Castilla _____ _____
(vender)

_____.

3. Pancho Villa _____ _____
(luchar)

_____.

4. James Edward Olmos _____ _____
(hacer)

_____.

5. Miguel de Cervantes _____ _____
   (escribir)

   _____.

6. Elaine Ochoa _____ _____
   (ser)

   _____.

7. Gloria Estefan se _____ _____
   (romper)

   _____.

8. Hernán Cortés _____ _____
   (explorar)

   _____.

9. Vasco Núñez de Balboa _____ _____
   (llegar)

   _____.

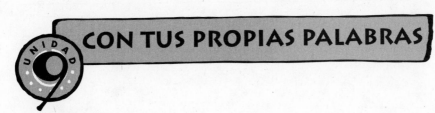

## CON TUS PROPIAS PALABRAS

### UN DÍA ESPECIAL

► Escribe un pequeño cuento sobre un día muy especial de tu vida.

**Paso 1.** Primero piensa en el día. ¿Qué día fue? ¿Adónde fuiste? ¿Qué ropa llevaste? ¿Qué hiciste y qué hicieron las otras personas? ¿Qué ocurrió? ¿Comieron algo especial?

**Paso 2.** Ahora organiza la información sobre las personas y lo que hicieron. Por ejemplo:

   a. Yo…

   b. Mi madre/madrastra…

   c. Mi padre/padrastro…

d. Mis padres...

e. Mi(s) hermano(s) o hermana(s)

f. Yo y (otra persona)...

**Paso 3.** Ahora escribe por lo menos diez oraciones para contar lo que pasó ese día, usando verbos en el pretérito.

MODELO: Fue el día cuando cumplí nueve años. Me levanté a las 5:30 de la mañana. ¡Mis padres no se levantaron hasta las 8:00! Fuimos a Pikes Peak. Todos llevamos ropa vieja...

_____

_____

_____

_____

_____

_____

_____

_____

_____